속세맛 다이어트 레시피

ⓒ 황은학, 2023

이 책의 저작권은 저자에게 있습니다.
저작권법에 의해 보호를 받는 저작물이므로
저자의 허락 없이 무단 전재와 복제를 금합니다.

-25kg!
단식하지 않고 맛있게 살 빼는

속세 맛
다이어트 레시피

황은학 지음

북라이프

속세맛 다이어트 레시피

1판 1쇄 인쇄 2023년 6월 13일
1판 1쇄 발행 2023년 6월 20일

지은이 | 황은학
발행인 | 홍영태
발행처 | 북라이프
등 록 | 제2011-000096호(2011년 3월 24일)
주 소 | 03991 서울시 마포구 월드컵북로6길 3 이노베이스빌딩 7층
전 화 | (02)338-9449
팩 스 | (02)338-6543
대표메일 | bb@businessbooks.co.kr
홈페이지 | http://www.businessbooks.co.kr
블로그 | http://blog.naver.com/booklife1
페이스북 | thebooklife
ISBN 979-11-91013-53-5 13590

* 잘못된 책은 구입하신 서점에서 바꾸어 드립니다.
* 책값은 뒤표지에 있습니다.
* 북라이프는 (주)비즈니스북스의 임프린트입니다.
* 비즈니스북스에 대한 더 많은 정보가 필요하신 분은 홈페이지를 방문해 주시기 바랍니다.

비즈니스북스는 독자 여러분의 소중한 아이디어와 원고 투고를 기다리고 있습니다.
원고가 있으신 분은 ms3@businessbooks.co.kr로 간단한 개요와 취지, 연락처 등을 보내 주세요.

Prologue

몸이 망가지는 다이어트의 시작

과거의 나는 다이어트를 하고 싶었지만 어떻게 해야 할지도 잘 몰랐고, 먹는 즐거움을 포기하고 운동하는 것이 두려워 다이어트 계획을 미루며 게을리 지냈습니다. 그저 머릿속으로만 '다이어트 해야지' 결심하고 옷으로 몸을 숨기기에만 급급했고, 남들 눈엔 내가 어떻게 보일까 눈치만 봤어요. 많이 먹고 살찐 내 모습에 지치고 싫증이 나기 시작하면서 다이어트를 하기로 결심했어요. 제 인생 첫 다이어트는 '간헐적 단식'이었어요. 그때만 해도 적게 먹고 많이 운동하는 것이 살 빼는 유일한 방법이라 믿었죠. 하루 한 끼만 먹으니 정말로 살이 빠지기 시작했어요. 매번 체중계에 올라가 몸무게를 확인하며 '숫자'에 집착하게 되었고, 조금만 먹었는데도 몸무게가 증가한 날이면 하루 종일 기분이 좋지 않았어요. 그다음 날은 간도 하지 않은 음식으로 더 적게 먹었죠. 그렇게 1년이 지나니 10kg이 줄었지만 건강이 나빠졌어요.

평생 감기에 걸린 적도 손에 꼽고 병원이나 약과는 거리가 먼 건강 체질이었는데, 간헐적 단식 1년 동안 혈뇨, 흰머리, 방광염, 변비, 면역력 저하 등 건강에 적신호가 켜졌어요. 성격은 예민하고 신경질적으로 변했고, 여름에도 뼈가 시린 추위와 고통을 겪고 나서야 이런 다이어트 방식은 올바르지 않다고 판단되어 '건강한 다이어트'를 해보기로 마음을 바꿨어요.

간헐적 단식에서 건강한 다이어트로 변화

다이어트란 그저 몸무게를 줄이는 것이라고 단순하게 생각했던 것 같아요. 그 와중에도 다이어트 한약이나 식욕억제제 같은 약은 어쩐지 무섭고 반감이 있었어요. 절식하고 굶기를 반복하다가 폭식으로 몸무게가 증가한 것에 대해 자책하던 어느 날, 외적으로만 가꾸는 게 다가 아니라 내면도 아름답게 가꾸는 건강한 다이어트를 하는 게 몸을 위해서도, 정신 건강을 위해서도 옳다는 생각이 들었어요.

이를 위해 우선 내가 무엇을 좋아하고, 무엇을 할 수 있을지, 지금 문제가 무엇인지에 대해 고민하고, 다른 사람들은 어떤 다이어트를 하고 있는지 조사하기 시작했어요. 나는 먹는 것을 좋아하고 나를 위해 만들어 먹을 수 있으며 몸무게에만 집착한 나머지 만족스럽지 않은 식단을 하고 있었어요. 반면 건강하게 다이어트 하는 사람들은 탄수화물, 단백질, 지방을 골고루 갖춰 먹는 식단을 하고 있다는 것을 알게 되었어요. 탄수화물은 무조건 살이 찌는 것으로 생각했던 터라 처음부터 탄수화물에 호의적이진 않았어요. 하지만 운동을 시작하게 되면서 탄수화물은 우리 몸에 꼭 필요한 영양소 중 하나이며 무조건 살이 찌는 것이 아니라는 걸 배웠어요. 탄수화물을 구성하는 식재료가 무궁무진하다는 것을 알게 된 후 다양한 탄수화물을 즐겁게 섭취할 수 있는 방법을 모색했고, 만족스러운 식사를 하고 나니 늘 예민하고 날카로웠던 성격의 내가 유연하고 긍정적이며 밝은 사람으로 변했어요.

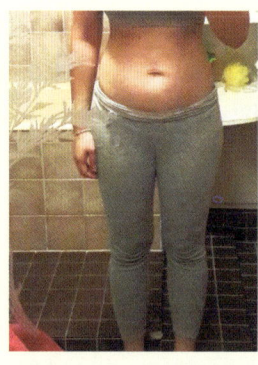
간헐적 단식으로
10kg 감량했지만 탄력 없는 몸

잘 먹고 건강하게 운동하며 가꾼 몸

내가 좋아하고 내가 만족하는 '나를 위한 다이어트'

삶이 그렇듯 몸도 남들과 비교하는 순간 나를 잃거나 자책하기 쉽다고 생각해요. 물론 자극을 위한 비교는 긍정적인 효과로 나를 성장시키지만 '나는 왜 저 사람보다 덜 먹는데 더 뚱뚱하지?', '나는 운동도 더 많이 하는데 왜 그대로지?'와 같이 부정적인 비교를 하다보면 금방 지치기 마련이에요. 사람마다 생긴 것이 다 다르듯 몸도 달라요. 먼저 살이 빠지는 부위도 속도도 제각각이지요. 그러니 남과 나를 비교하기 전에 나를 먼저 탐구하고 나의 장단점을 파악하여 나를 위한 다이어트 계획을 세워보세요. 남들과 비교할 필요 없어요. 내 페이스대로 내가 좋아하는 것, 보완해야 하는 것들을 지키고 고쳐나가다 보면 외면 뿐만 아니라 내면도 건강해지는 다이어트를 할 수 있어요.

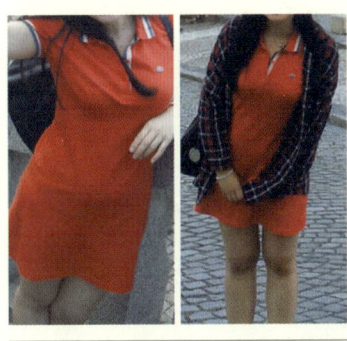

같은 옷을 입고 찍은 운동 전 모습

같은 옷을 입고 찍은 운동 후 모습

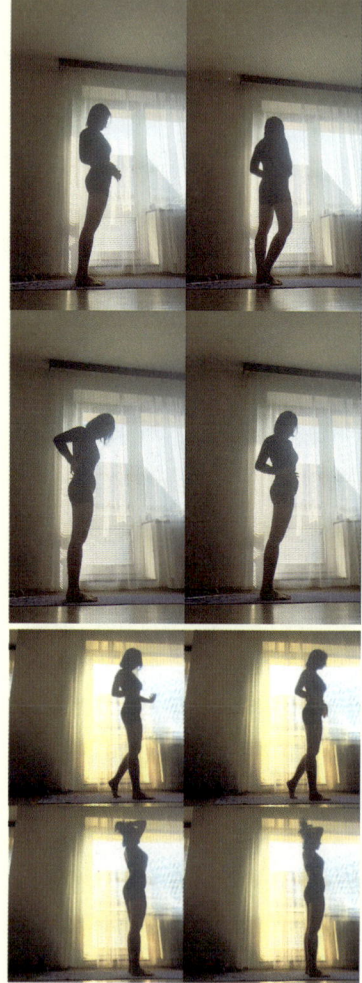

다이어트 성공 후 유지 중인 몸

Contents

Prologue

005

알아두면 요리가 쉬워지는 꿀팁

015

Intro

과식, 회식, 술자리 다음 날 급찐급빠 루틴

016

이것만은 꼭 지키는 유지어터의 습관들

018

다이어트 식단의 기본 식재료

020

식습관 자가진단 테스트

026

PART 1

밥 되는 풍성한 샐러드 한 끼

- 030 고구마 카프레제 샐러드
- 032 감자 루콜라 샐러드
- 034 두부면전 샐러드
- 036 분보남보
- 038 시트러스 해물 샐러드
- 040 감자 새우 샐러드
- 042 오이 고수 샐러드
- 044 오이 토마토 샐러드
- 046 포두부 카나페

PART 2

레스토랑 메뉴처럼 폼 나는 다이어트 특식

- 050 가지 카나페
- 052 게맛살 푸팟퐁커리
- 054 대파 라비올리
- 056 떡 봉골레
- 058 똠얌꿍 오트밀죽
- 060 감자 딜 수프
- 062 토마토 프렌치토스트
- 064 토마토 둥지 파스타
- 066 통가지 해물 볶음밥
- 068 토마토 해물 누룽지 수프

PART 3

필요한 만큼 똑똑하게 먹는 탄수화물 요리

- *072* 고등어 된장김밥
- *074* 베이크드 스시
- *076* 김치 순두부덮밥
- *078* 두부 유부 소보로덮밥
- *080* 두부 가지 주먹밥
- *082* 바질 크림새우 오트밀죽
- *084* 에그마요 아보카도 김밥
- *086* 쑥떡 미역국
- *088* 바질 토마토 김밥
- *090* 참치 취나물 주먹밥

PART 4

다이어트 중에도 마음껏 즐기는 베이커리

- *094* ABC 샌드위치
- *096* 계란 오픈 토스트
- *098* 추억의 샌드위치
- *100* 두부크림 치즈 토스트
- *102* 두부카도 연어 샌드위치
- *104* 리코타 페스토 오픈 토스트
- *106* 망고 요거트 치킨 샌드위치
- *108* 새우 타르타르 샌드위치
- *110* 올리브 계란 오픈 토스트
- *112* 햄치즈 바질 샌드위치

PART 5

≈ 먹어도 살 안 찌는
건강한 면 요리

- 116 　두부김치 참치 비빔면
- 118 　매콤 오징어 잡채
- 120 　면코노미야키
- 122 　비트 파스타
- 124 　스파이시 피넛버터 치킨누들
- 126 　유부초면
- 128 　바질 토마토 냉면
- 130 　통가지 참치 파스타
- 132 　흑임자 콩국수
- 134 　메밀 된장 소바

PART 6

× 5분 만에 완성되는
스피드 요리

- 138 　배추 페스토 계란볶음
- 140 　빅맥 타코
- 142 　쌈굽 주먹밥
- 144 　녹차 주먹밥
- 146 　유부 김말이
- 148 　토르티야 양배추 갈레트
- 150 　접어 먹는 샌드위치
- 152 　김치 치즈전
- 154 　청포도 크림치즈 카나페
- 156 　두 가지 크림치즈 스프레드

PART 7

먹어도 죄책감 없는
간식 & 디저트

160	인절미 땅콩강정
162	토르티야 애플파이
164	바나나 보트
166	바나나 인절미 샌드
168	바나나 피넛버터와 젤리 랩
170	베이글 갈릭버터칩
172	어묵 스낵
174	애플 커스터드 토스트
176	자몽 브륄레
178	크래커 티라미수
180	통째로 먹는 오트 애플파이
182	팥나나 양갱
184	황태 피넛버터볶음

PART 8

운동할 때 먹으면 더 좋은
맛있는 단백질 요리

188	계란 만두
190	렌틸콩 플레이트
192	해물 순두부 바질 크림스튜
194	배추 만두전
196	셀러리 닭구이
198	시금치 새우 크레페
200	연어 바이트
202	오징어 묵은지 살사
204	호박 샥슈카

PART 9

 **하루가 든든해지는
아침 식사**

208	당근 크림치즈 팬케이크
210	귤 그릭 요거트볼
212	그릭 토마토
214	2분 초코빵
216	애플 브리 랩
218	바나나 시리얼 떠먹케
220	블루베리 바나나 오트 셰이크
222	쑥인절미 견과 오트 라테
224	호박 그래놀라
226	흑임자 오나오 라테

> 알아두면 요리가 쉬워지는 꿀팁

- 요리 초보라면 사용이 쉬운 코팅팬을 선택하세요. 고가의 제품보다는 저렴한 제품으로 구매 후 자주 바꾸는 게 더 좋아요. 실리콘 조리 도구로 코팅이 손상되지 않게 주의하세요.

- 스테인리스팬은 예열이 중요해요. 예열이 부족하면 팬에 음식이 달라붙어 요리를 망치게 되니 요리하기 전 충분히 예열하고 기름으로 코팅한 뒤 사용하세요. 프라이팬에 물을 살짝 떨어뜨렸을 때 방울로 맺히면 예열이 잘 된 거예요.

- 에어프라이어는 오븐보다 온도를 10°C 낮게 설정하세요. 에어프라이어 안에서 재료는 불에 닿는 거리가 오븐보다 가깝기 때문이에요.

- 요리하고 남은 햄이나 아보카도 단면에 식초를 조금 바르고 엎어서 밀봉하여 보관하면 산패나 갈변을 최소화할 수 있어요.

- 토마토는 꼭지를 따서 냉장 보관하면 신선함이 더 오래 가요.

- 올리브오일 중 가장 높은 등급의 엑스트라 버진 올리브오일(산도 0.8% 이하)은 화학적 정제 과정 없이 냉추출 방식으로 짜낸 신선한 오일이에요. 가열하는 요리보다 샐러드 등에 이용하세요.

- 아보카도오일은 풍부한 불포화지방산을 포함한 오일로 샐러드드레싱이나 스무디를 만들 때 넣어도 좋고, 발연점이 높아서 조리할 때 사용해도 좋아요. 냉압착 아보카도오일로 선택하세요.

- 코코넛오일은 가열해도 변성이 잘 안 되는 오일로 비만 예방에 도움을 준다고 알려져 있어요. 일반 오일처럼 사용하거나 버터 대신으로 활용하세요.

- 음식의 간은 조리의 마지막 단계에서 해요. 음식이 뜨거우면 맛이 잘 느껴지지 않아 간을 계속하게 되는데, 식었을 때 먹으면 짠 경우가 많고, 조리 과정에서 졸아들면서 맛이 더 진해질 수 있어요. 차갑게 먹는 메뉴는 간을 조금 더 해요.

- 망친 요리 살리는 팁이 있어요. 음식이 짜면 쓴맛이나 단맛(식초, 레몬즙, 라임즙, 토마토, 단당류, 시럽, 꿀 등)을 더해요. 음식이 달면 쓴맛이나 향신료(식초, 레몬즙, 라임즙, 허브류, 고춧가루, 마늘 가루 등)를 더해요. 음식이 맵거나 시면 지방이나 단맛(버터, 크림, 치즈, 단당류, 꿀 등)을 더해요.

Intro

과식, 회식, 술자리 다음 날 급찐급빠 루틴

1. 최소 공복 12~16시간 가지기

최소 12~16시간이라는 숫자에 강박을 가질 필요는 없어요. 전날 과식을 했다면 다음 날 아침까지도 배가 부를 테니 체내에 쌓여있는 음식물이 충분히 소화할 시간을 주세요. 과식을 하면 글리코겐이 몸에 쌓이게 되는데, 공복 시간을 가지면서 체내에 쌓인 글리코겐이 에너지로 활용된다고 해요. 가득 찬 물 컵에 물을 또 넣어 넘치게 하지 않고 물이 증발할 수 있는 시간을 갖는 과정이라고 생각하면 이해가 쉬울 거예요.

2. 물 많이 마시기

과식 후 충분한 수분 섭취는 다음 식사까지의 군것질을 막아주고 또 다른 과식도 예방해요. 또한 몸속의 노폐물, 나트륨 배출을 원활하게 해주어 붓기 빼기도 좋아요. 물을 억지로 많이 마실 필요는 없지만, 생각날 때마다 물을 마셔준다면 몸을 정상적으로 돌리는 데 도움이 되니 의식적으로 물을 마셔보세요.

3. 몸무게 재지 않기

보통 과식 후 몸무게를 재면 '살쪘다'라고 생각하게 됩니다. 그 몸무게는 정말로 살이 찐 것이 아니라 일시적인 증가입니다. 전날 먹은 음식물과 부종의 영향으로 몸무게가 잠깐 증가한 것 뿐인데, 살이 쪘다는 자책으로 이어지거나 '이것까지만 먹고 빼야지', '하루 먹었다고 다시 다 쪘다'와 같이 내 의지를 약하게 만드는 합리화를 하기 쉽습니다. 그러니 몸무게를 재지 않는 편이 오히려 도움이 됩니다.

4. 공복 유산소 운동하기

공복 유산소 운동이 도움이 되는지는 사람에 따라, 생활패턴에 따라 다르지만 저의 경우에는 긍정적인 효과들이 있어요. 첫 번째는 '어제는 그렇게 먹었지만 오늘은 부지런히 운동했다'라고 느끼며 나 자신과의 싸움에서 이겨낸 뿌듯함, 두 번째는 땀을 내면서 부종이 어느 정도 빠져서 몸이 좀 더 가벼워지는 느낌을 받는 것, 마지막으로는 귀찮고 힘든 공복 유산소를 해냄으로써 오늘은 과식하지 않고 뭐든지 잘 지킬 수 있을 것 같은 마음이에요.

다이어트는 사실 본인이 하기 나름이고, 마음먹기에 달린 것 아닐까요? 어떤 운동이든 괜찮아요. 절대 어렵게 생각하지 마세요. 가볍게 집 주변을 산책하는 것도 좋아요.

5. 첫 끼는 가볍고 클린하게 먹기

전날 무엇을 얼마나 어떻게 먹었는지에 따라 다르긴 하지만, 최소 첫 끼만큼은 가볍게 먹고 있어요. 샐러드나 적당한 탄단지 식단, 혹은 단백질 위주의 식단으로 하루를 시작하면 몸이 한결 더 가벼워지는 느낌이 들어요. 디톡스까지는 아닐지라도 왠지 내 몸이 정화되는 기분이에요. 어제 먹은 음식이 아직 몸에서 100% 소화된 것이 아니니 굳이 더 많이 채워 넣을 필요는 없지만, 그렇다고 굶으면 또 다른 과식을 불러올 수 있으니 가볍게 먹어요.

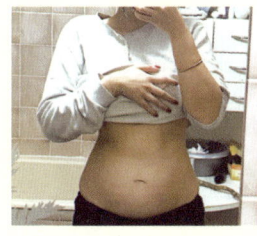 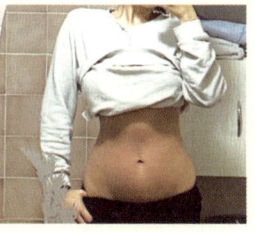

급찐급빠 전과 후

Intro

이것만은 꼭 지키는 유지어터의 습관들

1. 식사는 거르지 않고 매끼 규칙적으로 하기

식사 시간에 배가 고프지 않다고 거르게 되면, 다음 끼니가 되기 전에 배가 고파져서 군것질을 하게 되더라고요. 간식은 식사와 식사 사이에 허기지지 않게 건강한 것으로 보충하는 개념이고, 군것질이란 굳이 필요하지 않지만 입이 심심해서 찾게 되는 주전부리라고 생각해요. 끼니 시간에 배가 고프지 않더라도 가볍게 먹어두어야 다음 끼니때까지 잘 버틸 수 있어요.

2. 치팅데이 없이 매일 만족스러운 식사하기

처음 다이어트를 시작했을 때, 주중에는 흔히 말하는 클린식, 다이어트식, 절식 등으로 나 자신을 압박했어요. 주말이 되면 주말이라는 이유로, 주중에 다이어트를 열심히 했다는 이유로, 약속이 있다는 이유로, 수고한 나에게 상을 준다는 이유로 과식을 넘어 폭식을 했죠. 그러다 보니 주중에는 주말에 불어난 몸무게를 빼기 바빴고, 그렇게 열심히 달려온 주중의 보상으로 주말에는 마구 먹었어요. 이런 패턴이 일주일, 한 달, 두 달, 세 달 도돌이표처럼 반복되었어요. 이러한 생활이 반복되지 않도록 매일 매끼마다 먹고 싶은 것을 대체 재료를 이용해 만들어 먹기 시작했어요. 그 결과 만족스러운 식사를 하게 되었고 이제는 주말에도 치팅데이 하지 않는, 오히려 매일을 치팅데이처럼 맛있게 먹는 나날을 보내고 있어요.

3. 약속이나 회식, 술자리는 즐기되 적당히 먹기

다이어트도 중요하지만 주변 사람들과의 소통과 만남도 중요해요. 다이어트를 한다는 이유로 사람들과의 약속이나 회식을 피하면 삶이 외로워져요. 누군가를 만날 때 부담스럽지 않은 적당한 메뉴를 고르거나, 여의치 않을 경우 과식하지 않게 먹을 만큼만 덜어 먹는 등의 노력을 하면 다이어트에 영향을 주지 않고 사람들과의 관계도 유지할 수 있어요. 다이어트식으로 뺀 살은 쭉 그 식단을 먹어야만 유지가 된다는 것 아시죠? 그러니 영원히 다이어트식만 먹을 수는 없어요. 세상에 나쁜 음식은 없어요. 나쁜 식습관만 있을 뿐! 뭐든지 '적당히'가 중요하다는 마음으로 사람들과의 만남도 유지하며 건강하게 다이어트하세요.

4. 3대 영양소 골고루 챙겨 먹기

탄수화물, 단백질, 지방 3대 중요 영양소만큼은 꼭 잘 챙겨먹어요. 그 외에도 식이섬유, 비타민, 철분, 칼슘 등 내 몸에 중요한 영양소는 되도록이면 음식물을 통해서 섭취하려고 노력해요. 저는 주로 다양한 제철 음식을 그 식재료가 가장 최상의 상태일 때 골고루 먹고 있어요. 무엇이든 과한 것은 좋지 않다고 생각해요. 적당히, 골고루, 잘 먹기! 말은 쉽지만 실천하기는 어려운 다이어트. 쉬운 것부터 차근차근 시작해보세요. 쉽게 접근하면 다이어트가 하나도 어렵지 않아요.

5. 하루 20분 스트레칭하기

아침에 일어나 10분, 자기 전 10분 스트레칭은 이제 자연스러운 일상으로 자리 잡았어요. 아침 스트레칭은 찌뿌둥한 몸을 유연하게 해주고 하루를 활기차게 시작할 수 있도록 도와주지요. 꾸준히 운동을 하면 스트레칭을 하고 안하고의 차이가 확실히 느껴져요. 운동하기 전후의 스트레칭은 운동 가동범위를 넓혀주고, 놀란 근육을 자연스레 풀어주는 효과가 있어요. 자기 전 스트레칭은 하루 동안 쌓인 피로를 풀어주고 편안하게 숙면할 수 있도록 도와줘요. 몸의 라인 자체도 예쁘게 만들어주는 등 장점뿐인 스트레칭. 안할 이유가 없어요.

Intro

다이어트 식단의 기본 식재료

1. 맛을 책임지는 식재료

참치액젓, 꽃게액젓, 피시소스

간장이나 소금으로 간을 하면 음식의 맛이 아쉬울 때가 있어요. 간장을 넣으면 너무 간장 맛으로 치우치는 것 같고, 소금을 넣자니 너무 짜질 것 같을 때 액젓을 이용해보세요. 깊은 맛과 적당히 짠맛에 음식의 감칠맛까지 더해져 요리의 완성도가 높아집니다. 특히 국물 요리에 추천해요.

저염간장

일반 간장을 사용하다 보면 너무 짜거나 간이 너무 쎄서 요리에 물을 섞게 되는 경우가 생겨요. 그러면 뭔가 또 맛이 약해지는 느낌에 이것저것 다른 재료들을 첨가하다가 음식을 망치기도 해요. 저염간장은 음식에 염분을 줄여주어 부담 없이 요리하기 좋아요. 일반 간장보다 간장 맛이 연해서 음식 자체에 간장 맛이 부각되지 않아 자주 애용하고 있어요. 볶음 요리, 소스를 만들 때 간장 대신 사용하세요.

히말라야 핑크 솔트

일반 소금보다 덜 짠 소금이에요. 소금 자체에 영양학적으로 여러 가지 건강한 성분이 함유되어 있는 것으로 유명해요. 일반적인 소금은 가공 단계에서 미네랄을 제거하고 요오드를 첨가하는 경우가 많은데, 히말라야 핑크 솔트는 정제되지 않은 자연 그대로의 소금으로 각종 미네랄이 함유되어 있으며 무기질과 철분이 풍부해요.

TIP. 우리 몸에 꼭 필요한 염분은 적당히 섭취하는 게 좋아요.

마늘 가루, 양파 가루, 파프리카 가루

몸에 좋은 생마늘, 생양파, 생파프리카를 그대로 써도 좋지만, 이 재료들을 말려서 만든 가루는 간단하게 요리의 맛을 한층 업그레이드 해줘요. 소스를 만들거나 고기 또는 야채를 볶을 때 넣으면 특별히 간을 하지 않아도 감칠맛을 낼 수 있어요. 저는 만두나 라자냐 등 다짐육을 이용한 요리를 할 때 맛이 강한 마늘이나 양파를 사용하는 것보다 가루를 넣는 것을 선호해요. 파프리카 가루는 고춧가루 대신 쓰면 순한 빨간 맛을 내기 좋아요. 특히 닭고기와 무척 잘 어울리니 닭가슴살을 구울 때 넣어보세요. 닭가슴살의 맛이 한결 고급스러워져요.

TIP. 각종 가루류를 구입할 때는 화학적인 첨가물 없이 자연 그대로의 가루로 된 것을 고르세요.

Intro

다이어트 식단의 기본 식재료

2. 든든함을 책임지는 식재료

오트밀

우리말로는 귀리인 오트는 가공 방식에 따라 여러 타입으로 나뉘는데 그 전체를 오트밀이라고 해요. 식이섬유가 풍부하며 포만감도 오래가요. 롤드 오트는 귀리를 쪄서 부드럽게 한 후 롤러로 압축한 것으로 밥 대신 먹기 좋아요. 오트 브란은 귀리 가루로 정맥할 때 열매에 붙은 외피가 분말 상태로 된 것으로 변비에 효과가 있어요. 오나오(=오버나이트 오트밀)를 만들거나 요거트에 2티스푼씩 첨가하여 아침으로 먹어요.

> **오나오(Overnight Oats) 만들기**
> 우유나 두유에 오트를 부어 냉장고에 하룻밤(overnight) 넣어두면 끝! 밤사이에 우유나 두유를 잔뜩 머금고 통통하게 불어나 촉촉하고 부드러워진 오트를 아침에 꺼내어 과일이나 견과 등 좋아하는 재료를 올려 먹어요. 몸에 좋은 재료만 넣고 만든 오나오를 아침마다 챙겨 먹는 습관을 들이면 몸이 건강해지는 것은 물론 다이어트에도 큰 도움이 됩니다. 별도의 조리 과정 없이 간단하게 떠먹으면 되니 먹기도, 치우기도 편하고 먹고 난 뒤 속도 편해요.
> (P.226 흑임자 오나오 라테 만들기 참조)

두부, 순두부, 연두부

두부는 포만감하면 빠질 수 없는 식재료 중 하나예요. 오늘따라 더 배고프거나 평소 먹던 양으로는 만족스럽지 않을 때는 두부를 곁들이세요. 두부, 순두부, 연두부 중 그날 메뉴와 어울리는 것으로 골라 먹으면 맛있고 배도 불러요.

TIP. 두부에는 풍부한 단백질만큼 지방도 함유되어 있으니 너무 많이 먹지는 마세요.

렌틸콩

렌틸콩은 콩 중에서도 단백질 함유량이 높고 섬유질이 풍부해 장 운동을 도와주는 고마운 식재료입니다. 유명 연예인이 즐겨 먹는다는 입소문을 탄 이후로 우리나라에서도 각광받기 시작했어요. 100g만 불려서 삶아도 양이 엄청나고 먹으면 포만감도 훌륭해서 다음 끼니까지 배가 고프지 않아요. 렌틸콩은 수프나 스튜로 만들어 먹거나, 밥을 지을 때 같이 넣어 먹기도 해요.

TIP. 채식주의자들이 고기 대용으로도 많이 먹어요.

치아시드

치아시드는 해외에서 '불리기' 식재료로 잘 알려져 있어요. 치아시드를 요거트에 하루 동안 불리면 1.5배 정도 부풀어 올라요. 그렇게 불린 치아시드는 펄 느낌이 나는데, 젤리와 비슷한 식감이 먹는 재미도 주지요. 먹고 나면 포만감도 좋아요. 많은 카페에서 치아시드 푸딩을 볼 수 있어요. 오나오를 만들어 먹을 때 필수적으로 넣는 똑똑한 식재료입니다.

Intro
다이어트 식단의 기본 식재료

3. 식감을 책임지는 식재료

견과류
식사의 만족도를 높이는 가장 중요한 요소는 식감입니다. 한 끼에 다양한 식감과 맛을 느낄 수 있다면 보다 만족스러운 식사가 되지요. 그런 면에서 견과류는 매우 훌륭한 식재료입니다. 바삭하고 고소하고 맛도 좋은데 건강한 지방과 단백질이 포함되어 있어서 아침식사처럼 간편하게 먹어야 할 때에는 견과류를 꼭 추가해서 먹습니다. 아몬드, 헤이즐넛, 피칸, 호두, 땅콩, 마카다미아, 브라질너트, 캐슈넛, 피스타치오 등 취향껏 골라먹을 수 있어 좋습니다.
TIP. 구워먹으면 고소함과 바삭함이 더 살아나요.

씨앗류
해바라기씨, 호박씨 뿐만 아니라 햄프시드까지 다양한 씨앗류를 즐겨보세요. 맛이 고소한 것은 물론 식이섬유가 풍부하고, 체지방을 감소시키는 신진대사 기능을 자극해 다이어트에 도움이 돼요. 하루 권장량이 많지 않은 견과류에 비해 크기가 작은 씨앗류는 더 많이 먹을 수 있어요. 그냥 섭취해도 좋지만 오나오를 만들거나, 요거트에 섞거나, 과일에 곁들이거나, 빵에 토핑으로 올리거나, 각종 스무디나 소스 및 드레싱을 만들 때 넣는 등 활용도가 다양해요.

그래놀라

그래놀라는 당류만 조심하면 정말 좋은 식재료입니다. 집에서도 쉽게 만들 수 있어요. 그래놀라의 베이스는 대부분 오트밀인데 여기에 견과류, 씨앗류, 과일류 등을 섞고 오븐에 구우면 보다 다채롭고 바삭하게 즐길 수 있어요. 넣는 토핑에 따라 무궁무진한 맛과 식감이 매력적이에요. 우유, 요거트, 빵 위에 올려도 좋고, 베이킹에도 쓰이는 만능 재료입니다.

다크초콜릿

다크초콜릿은 초콜릿을 끊을 수 없는 사람들에게 빛줄기와 같은 존재예요. 저는 카카오 함량 85% 이상으로 먹어요. 카카오의 폴리페놀 성분은 고혈압, 심장질환 등의 성인병 예방과 체중 감소에 도움을 줘요. 또한 수명을 연장하고 노화를 막는 성분이 와인의 2배 이상, 녹차나 홍차의 3~5배 이상 함유되어 항산화 효과도 풍부하다고 해요. 오독오독한 식감과 특유의 달콤쌉쌀한 맛이 당을 충전해주고, 입안에서 깔끔하게 마무리되어 밀크초콜릿을 먹을 때보다 더 먹고 싶은 욕구가 적어요. 마치 식사 후 아메리카노를 마시는 느낌이지요.

TIP. 식전에 다크초콜릿을 먹으면 과식을 방지한다는 연구 결과가 있어요.

식습관 자가진단 테스트

나는 올바른 다이어트 습관을 가지고 있는지 간단하게 파악해 볼까요? 다음의 리스트에서 나에게 해당되는 항목이 몇 가지인지 체크해 보세요.

- ☐ 무엇을 먹을지 매끼 식단을 구성하고 먹는 편이다.
- ☐ 내가 먹어야 할 적정량을 알고 조절해서 먹는다.
- ☐ 배가 부를 때는 억지로 먹지 않는다.
- ☐ 적당히 배가 차면 먹는 것을 멈출 수 있다.
- ☐ 식사 중에는 TV나 스마트폰에 집중하지 않는다.
- ☐ 간식은 견과류처럼 건강에 좋은 것을 고른다.
- ☐ 식사 시간이 아닐 때 배가 고프면 유연하게 대처할 수 있다.
- ☐ 음식에 대해 '먹으면 안 되는 것'이라는 인식을 가지고 있지 않다.
- ☐ 평소보다 과식을 해도 죄책감을 느끼지 않는다.
- ☐ 과식 후 먹은 것을 덜어내기 위한 수단으로 운동하지 않는다.
- ☐ 다이어트 중이라도 친구들과의 모임이나 회식을 무조건 피하지 않는다.
- ☐ 절식하지 않는다.
- ☐ 주중에 식단을 잘한 것에 대한 보상으로 주말에 과식하지 않는다.

- ☐ 평소 먹고 싶은 음식을 억지로 참지 않는다.
- ☐ 탄수화물을 살찌는 것으로 여기지 않는다.
- ☐ 식재료를 구입할 때 영양성분을 살펴보는 편이다.
- ☐ 과식한 후라도 다음 끼니를 거르지 않는다.
- ☐ 다른 사람의 식단을 참고하여 나의 식단을 구성한다.
- ☐ 몸에 필요한 염분도 잘 챙겨준다.
- ☐ 내 몸 상태, 활동량에 맞게 탄단지를 챙겨 먹는다.

18개 이상 음식에 대한 강박 없이 몸도 마음도 건강한 다이어트를 실천 중
15개~17개 건강한 다이어트에 대한 인식을 가지고 있음
7개~14개 음식, 먹는 것에 대한 두려움을 극복 중
6개 이하 건강한 식습관에 대한 공부가 필요함

PART
1

고구마 카프레제 샐러드
감자 루콜라 샐러드
두부면전 샐러드
분보남보
시트러스 해물 샐러드
감자 새우 샐러드
오이 고수 샐러드
오이 토마토 샐러드
포두부 카나페

밥 되는 풍성한
샐러드 한 끼

'샐러드 = 풀'이라는 공식에서 벗어나세요. 샐러드만으로도 든든한 한 끼가 되는 샐러드 레시피를 소개합니다. 탄단지를 고루 갖추어 몸은 가볍고 속은 든든한 다이어트의 정석 메뉴. 영양만점 다이어트 샐러드를 다양한 방법과 맛으로 즐겨보세요.

Sweet Potato Caprese Salad

고구마 카프레제 샐러드

달달한 고구마와 산뜻하고 고소한 카프레제 샐러드의 만남. 올리브오일이 풍미를 더 고급스럽게 해주고 발사믹 식초가 맛의 화룡점정을 찍어주었어요. 밤고구마와도 잘 어울리고 호박고구마와도 잘 어울리는 레시피입니다.

Ingredient

고구마 100g, 생모차렐라 치즈 30~40g, 토마토 ½개, 발사믹 식초 약간, 올리브오일 1스푼

Recipe

1. 고구마는 익혀서 1.5~2㎝ 두께로 잘라요.
2. 생모차렐라 치즈와 토마토는 1㎝ 정도 두께로 잘라요.
3. 고구마, 치즈, 토마토, 고구마 순으로 올려요.
4. 발사믹 식초와 올리브오일을 뿌려요.

   TIP. 소금을 1꼬집 뿌리면 단맛을 좀 더 느낄 수 있어요.

Potato Rucola Salad

감자 루콜라 샐러드

부산 어느 레스토랑의 스타터 메뉴를 집에서 간단하게 만들었어요. 감자, 루콜라, 치즈 그리고 기호에 따라 꿀까지 곁들이면 레스토랑에서 먹는 근사한 샐러드가 됩니다. 감자의 포슬포슬한 식감과 루콜라의 쌉싸름한 맛의 조합이 정말 좋아요. 여기에 좋아하는 단백질을 추가한다면 완벽한 탄단지 한 끼 식사가 됩니다.

Ingredient

감자 100g, 루콜라 1줌, 그라나파다노 치즈 가루 1.5티스푼, 올리브오일 2스푼

TIP. 이 메뉴와 어울리는 단백질로는 해산물을 추천해요. 특히 문어!

Option 꿀 1티스푼

Recipe

1. 감자는 껍질을 벗기고 원하는 크기로 잘라 삶아요.
2. 루콜라는 깨끗이 씻어 물기를 제거해요.
3. ①에 ②를 올리고 올리브오일에 버무린 뒤 그라나파다노 치즈 가루를 섞어요.
4. 기호에 맞게 꿀을 약간 뿌리면 더 맛있어져요.

    TIP. 소금과 후추를 추가해도 좋아요.

Ingredient

두부면 1팩(100g), 샐러드 믹스 2줌, 칵테일 새우 10마리, 계란 1개, 파프리카 가루·그라나파다노 치즈 가루 1티스푼, 마늘 가루·양파 가루 ½티스푼, 올리브오일 2티스푼, 소금·후추·레몬즙 약간

Recipe

1. 계란은 삶아서 준비해요.
2. 새우는 끓는 물에 3분 내로 데쳐요.
3. 샐러드 믹스는 깨끗이 씻어 물기를 빼두어요.
4. 물기를 뺀 두부면을 봉지에 넣고 올리브오일 1티스푼을 넣어 잘 섞어요.
5. ④에 파프리카 가루, 그라나파다노 치즈 가루, 마늘 가루, 양파 가루를 넣어 봉지 입구를 막고 흔들어 섞어요.
6. 넓은 판에 두부면을 넓게 펼쳐 모양을 잡아요.
   TIP. 두부면은 적당히 촘촘하게 펼쳐요.
7. 170℃로 예열한 오븐에 18분(에어프라이어 160℃로 예열 후 15분) 구워요.
8. 볼에 샐러드 믹스와 새우를 넣고 올리브오일, 소금, 후추, 레몬즙을 뿌려 섞은 후 두부면 위에 올려요.
   TIP. 두부면을 한 김 식히면 바삭하게 즐길 수 있어요.

Tofu Noodles Pancake Salad
두부면전 샐러드

두부면을 라면처럼 바삭하게 구워 커다란 접시처럼 만들었어요. 그 위에 샐러드를 올려 접시째로 먹는 느낌을 주는 요리입니다. 두부면에 들어가는 가루와 샐러드에 들어가는 재료는 취향에 맞게 조절해 보세요.

Bunbo Nambo
분보남보

분보남보는 베트남 음식에 눈을 뜨게 해준 메뉴예요. 면으로는 곤약면을 이용하여 칼로리를 더욱 낮추고, 닭고기를 곁들여 단백질을 챙겨줬어요. 야채를 듬뿍 넣으면 식이섬유까지 풍부해지니 그야말로 다이어트에 최적화된 메뉴이지요. 만드는 방법도 간단하고 정말 맛있어요.

Ingredient

곤약면 100g, 닭고기(허벅지살) 2조각, 샐러드 믹스 1줌, 레몬 ¼개, 홍고추 ½개, 고수 약간
TIP. 곤약면 대신 미역면을 넣어도 좋아요.

Sauce 참치액젓·물·레몬즙 1스푼, 메이플 시럽 ½티스푼, 다진 마늘 1티스푼, 후추 약간

Recipe

1. 닭고기는 기름을 두르지 않은 프라이팬에 앞뒤로 뒤집어가며 잘 구워요.
   TIP. 코팅된 프라이팬을 사용하세요. 닭가슴살을 사용한다면 기름을 살짝 두르고 구워요.
2. 분량의 재료를 섞어 소스를 만들어요.
3. 접시에 곤약면, 샐러드 믹스, 닭고기, 홍고추를 올려요.
4. ②의 소스와 레몬즙을 뿌리고 고수를 올려요.
   TIP. 소스에 적시듯 비벼 먹으면 더 맛있어요.

Ingredient

해산물 믹스 100g, 샐러드 믹스 2줌, 자몽·레몬 ¼개, 귤 1개,
올리브오일 2스푼, 소금 2꼬집, 후추 약간
TIP. 올리브를 추가해도 좋아요.

Recipe

1. 해산물 믹스는 끓는 물에 5분 내로 데친 뒤 찬물로 씻어 준비해요.
2. 샐러드 믹스는 깨끗이 씻은 후 물기를 빼두어요.
3. 자몽과 귤은 과육만 발라내요.
4. 샐러드에 해산물을 올리고, 자몽과 귤도 올려요.
5. 올리브오일을 두른 뒤 소금과 후추로 간을 해요.
6. 레몬즙을 골고루 뿌려요.

Citrus Seafood Salad

시트러스 해물 샐러드

가볍게 먹고 싶지만 단백질도 놓치고 싶지 않은 날에 안성맞춤인 샐러드. 새콤달콤한 시트러스 류 과일과 데친 해산물의 조합이 근사한 느낌을 줘요. 맛이 상큼해서 소스가 따로 필요 없어요.
TIP. 소스를 꼭 곁들이고 싶다면 발사믹 소스를 추천해요.

Potato Shrimp Salad

감자 새우 샐러드

샐러드 메뉴라고 해서 전부 풀로만 채우지 않아도 된다는 것을 보여주고 싶어요. 어떤 요리든 제철 재료를 활용해 만들면 맛도 영양도 최상의 상태로 섭취할 수 있지요. 삶은 감자와 데친 새우를 넣어 따뜻하게 즐기는 샐러드를 만들어 보았어요. 올리브가 탄수화물과 단백질이 풍부한 이 샐러드의 맛을 한껏 끌어올려 줄 거예요.

Ingredient

알감자 3개, 새우 4마리(큰 사이즈로 100g 정도), 올리브 6~8개, 선드라이드 토마토 2개, 고수 약간

Sauce 피시소스·레몬즙 1스푼, 물 2스푼, 겨자씨·메이플시럽 1티스푼

Recipe

1. 알감자는 껍질을 벗기고 반으로 잘라 삶아요.
   TIP. 작은 감자라면 깨끗이 씻어 껍질째 활용해 보세요.
2. 새우는 껍질을 벗기고 끓는 물에 1분간 데쳐요.
   TIP. 새우를 데칠 때 레몬즙 1티스푼을 넣으면 맛이 한결 상큼해져요.
3. 삶은 감자와 새우, 올리브, 잘게 자른 선드라이드 토마토를 그릇에 담아요.
4. 분량의 재료를 섞어 만든 소스를 ③에 부은 뒤 고수를 올려요.

Cucumber Coriander Salad

오이 고수 샐러드

고수의 향긋함이 매력적인 새콤달콤한 중화풍 샐러드예요. 단 두 개의 메인 재료만 있으면 간단히 만들어 바로 즐길 수 있어요. 설탕 범벅인 피클을 대신해 상큼하고 건강하게 먹기 좋아요.
TIP. 고기 요리에 잘 어울려요.

Ingredient

오이 1개, 고수 1줌, 홍고추 ¼개
TIP. 고수 특유의 향이 싫다면 쪽파로 만들어보세요.

Sauce 피시소스 또는 참치액젓·식초 1스푼, 후추 약간, 홍고추 ⅓개, 알룰로스 ¼티스푼

Recipe

1 오이는 세로로 얇게 썰어요. 채칼을 이용하면 쉽게 준비할 수 있어요.
2 분량의 재료를 섞어 소스를 만들어요.
3 홍고추는 잘게 다져요.
4 채 썬 오이 위에 소스를 붓고 고수와 홍고추를 올려요.

Ingredient

오이 1개, 토마토(소) 5~7개, 다진 양파 2~3스푼, 마늘 2톨, 식초 1스푼, 메이플 시럽 1티스푼, 소금 1꼬집, 후추 약간

Option 레몬즙 약간

Recipe

1. 오이는 깍둑 썰어요. 껍질은 벗기지 않아도 돼요.
2. 토마토도 오이와 비슷한 크기로 썰어요.
3. 마늘은 으깨서 다져요.
4. 볼에 오이, 토마토, 다진 양파, 다진 마늘을 넣어요.
5. 식초, 메이플 시럽, 소금, 후추를 넣고 잘 섞은 뒤 냉장고에서 하루 정도 숙성해요.
   TIP. 먹기 직전에 레몬즙을 뿌리면 상큼해요.

Cucumber Tomato Salad
오이 토마토 샐러드

식욕이 없을 때 입맛을 찾도록 도와주는 상큼한 샐러드예요. 고기에 곁들이거나 김치 대신 먹어도 좋아요. 냉장고에 하루 숙성시켜 먹으면 극강의 시원하고 새콤한 맛을 느낄 수 있어요.

Paper Tofu Canapé
포두부 카나페

포두부를 이용해 한입에 먹을 수 있는 핑거푸드를 만들었어요. 새우와 아보카도를 넣어 단백질과 건강한 지방도 챙기고 식감도 살렸어요. 튀기지 않고 오븐에 구워낸 포두부는 바삭하고 담백해 칼로리 부담 없이 맛있게 먹을 수 있어요.

Ingredient

포두부 1장, 아보카도 ⅓개, 새우(조금 큰 사이즈) 3마리, 후추·소금 1꼬집

TIP. 새우 대신 연어도 좋아요. 다양한 재료를 활용해 만들어 보세요.

Option 레몬즙 약간

Recipe

1. 포두부를 6조각으로 잘라요.
   TIP. 원하는 크기보다 좀 더 크게 자르세요. 굽는 과정에서 살짝 크기가 줄어들어요.
2. 포두부에 소금을 뿌린 뒤 160℃로 예열한 오븐에 15분(에어프라이어 150℃로 예열 후 12분) 구워요. 중간에 한 번 뒤집어주면 양면으로 더 바삭하게 구워져요.
   TIP. 올리브오일을 조금씩 발라 구우면 더욱 바삭해져요.
3. 새우는 삶아서 1㎝ 크기로 잘라요.
4. 아보카도는 먹기 좋은 크기로 잘라요.
5. 구운 포두부 위에 새우와 아보카도를 올리고 후추, 소금으로 간을 해요.
   TIP. 먹기 전에 레몬즙을 뿌려요.

PART
2

가지 카나페
게맛살 푸팟퐁커리
대파 라비올리
떡 봉골레
똠얌꿍 오트밀죽
감자 딜 수프
토마토 프렌치토스트
토마토 둥지 파스타
통가지 해물 볶음밥
토마토 해물 누룽지 수프

레스토랑 메뉴처럼 폼 나는
다이어트 특식

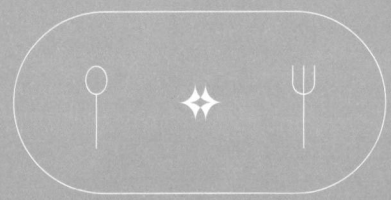

다이어트를 할 때도 나를 위한 식사만큼은 레스토랑 메뉴처럼 대접받는 느낌의 근사한 메뉴로 정성스럽게 차려보세요. 그렇게 준비하는 한 끼 식사가 나를 좀 더 아껴주고 존중하는 방법 중 하나니까요. 다이어트도 나를 사랑하는 것으로부터 시작해 보세요.

Eggplant Canapé
가지 카나페

빵도 크래커도 다 부담스러운 사람을 위한 저탄수화물 레시피. 빵 대신 가지로 만드는 카나페를 소개합니다. 좋아하는 재료를 원하는 만큼 올려먹는 카나페의 특징을 활용해 나만의 맞춤 카나페를 만들어보세요.

Ingredient

가지 ⅔개, 저지방 크림치즈 1스푼, 소금·후추 1꼬집, 훈제연어 80g

Option 채 썬 양파·딜 약간, 케이퍼 6알

Recipe

1. 가지는 2㎝ 정도 두께로 어슷하게 잘라요.
2. 프라이팬을 미리 예열시키고 센 불에서 가지를 구우며 소금을 뿌려요.
3. 가지에서 물이 살짝 나올 때 뒤집어 반대쪽을 구워요.
   TIP. 가지는 물이 나오기 전까지만 센 불에서 빨리 구워요.
4. 구운 가지 위에 저지방 크림치즈, 훈제연어를 올리고 후추를 뿌려요.
   TIP. 기호에 따라 양파, 딜, 케이퍼 등을 올려도 좋아요.

Ingredient

게맛살 4조각, 계란 2개, 고형 카레 ⅓개(약 15g), 물 ⅔컵, 양파(소) 1개
TIP. 게살이나 랍스터를 사용해도 좋아요.

Option 고수 약간

Recipe

1. 게맛살은 손으로 찢어서 준비해요.
2. 양파는 채 썰어 프라이팬에서 갈색이 될 때까지 볶아요.
   TIP. 중간중간 물을 넣으면서 볶으면 타지 않아요.
3. 양파가 갈색으로 익으면 고형 카레와 찢은 게맛살, 물을 부어 끓여요.
   TIP. 물 대신 코코넛밀크를 넣으면 푸팟퐁커리 느낌과 더 가까워져요.
4. 물이 끓으면 계란도 풀어 넣어요.
5. 걸쭉해지면 불을 끄고 밥과 함께 먹어요.
   TIP. 기호에 따라 고수를 올려 먹어도 좋아요.

Crab Meat Pu Pad Pong Curry
게맛살 푸팟퐁커리

태국 음식 중 제일 좋아하는 메뉴가 푸팟퐁커리인데, 먹을 때는 맛있지만 게를 손질하는 준비 과정이 참 힘들어요. 게살 대신 구하기 쉽고 저렴한 게맛살을 사용하면 훨씬 간단하고 빠르게 푸팟퐁커리를 만들 수 있어요. 요리 초보도 쉽게 도전할 수 있는 레시피로 쉽게 만들어 밥에 쓱 비벼 호로록 즐겨보세요.

Green Onion Ravioli

대파 라비올리

밀가루 면을 쓰지 않고 대파를 이용해 달짝지근하고 부담 없는 저탄수 라비올리. 돼지고기도 듬뿍 넣어 단백질까지 챙겨주었어요. 특별한 재료 없이도 레스토랑에서처럼 즐기는 건강한 다이어트 요리입니다.

Ingredient

대파 흰 부분 1대, 돼지고기 등심(또는 다진 고기) 100g, 양송이버섯 3개, 양파 조금(양송이버섯의 절반 분량), 소금 2꼬집, 후추·생강가루(또는 카레 가루) 약간

Sauce 시판용 토마토소스 5스푼, 그라나파다노 치즈 가루 1스푼

Recipe

1. 믹서기에 깍둑 썬 돼지고기, 양송이버섯, 양파, 소금, 후추, 생강가루를 넣고 갈아요.
2. 대파 흰 부분을 15㎝ 길이로 자른 후 한 겹씩 벗겨 12개로 준비해요.
3. 대파를 십자로 놓고 ①을 2티스푼 정도 올려요. 바닥 쪽 대파를 접고 안쪽의 대파도 접어 풀리지 않도록 해요. 라비올리 개수만큼 반복해서 만들어요.
4. 접힌 부분이 아래로 가도록 프라이팬에 올려요. 센 불에서 앞뒤로 뒤집어가며 겉이 노릇해질 때까지 1분 정도 구워요.
5. ④를 잠시 빼두고 토마토소스와 그라나파다노 치즈 가루를 넣고 끓여요.
6. 팔팔 끓으면 약불로 줄이고 ④를 올려 소스를 졸이면서 익혀요.

Ingredient

현미 떡국떡 100g, 바지락 230g(껍질 포함한 무게), 기버터 1스푼, 올리브오일 2스푼, 건고추 ½줌, 마늘 2톨, 소금 2꼬집, 화이트와인 ½소주컵

TIP. 떡국떡 대신 떡볶이 떡으로 만들어도 좋아요. 떡은 물에 불려 준비하세요.

Recipe

1. 마늘은 편으로 썰어 올리브오일을 두른 프라이팬에 볶아요.
2. 마늘 향이 올라오면 건고추를 넣고 중약불로 볶아요.
3. ②에 바지락과 화이트와인을 넣고 계속 볶아요.
4. 와인이 다 날아가면 약불로 줄이고 기버터와 떡을 넣어요. 기버터가 녹으면 바지락에 재빨리 끼얹어요.
5. 소금을 뿌려요.
6. 뚜껑을 덮어 떡이 말랑하게 익을 때까지 2분 정도 둔 후 불을 꺼요.

Rice Cake Vongole
떡 봉골레

동양과 서양의 메뉴가 만나 익숙한 듯 새로운 맛을 주는 신비로운 레시피예요. 현미떡으로 탄수화물의 부담은 줄이고 바지락으로 감칠맛을 준 볶음 떡 요리라고 소개할게요. 먹고 난 후에도 입안이 깔끔해요.

TIP. 현미떡, 곤약떡, 귀리곤약 현미떡 등 다양한 저칼로리 떡을 활용할 수 있어요.

Ingredient

토마토 1개, 오트밀 4스푼, 레몬즙 2스푼, 고수 1~2줌, 새우 (대) 4마리, 순두부 3스푼, 참치액젓 1.5스푼, 물 ½컵, 레몬즙 약간

TIP. 기호에 맞게 해산물을 넣어보세요.

Recipe

1. 냄비에 오일을 살짝 두르고 새우를 껍질째 구워요.
2. 새우가 빨갛게 되면 새우를 건져내고 ①의 냄비 그대로 오트밀과 분량의 물을 넣고 끓여요.
3. 토마토를 다져서 넣고 계속해서 끓여요.
4. 팔팔 끓으면 순두부를 넣어요.
5. 레몬즙과 참치액젓을 넣어요. 너무 졸아들면 물을 더 넣어요.
6. 죽처럼 걸쭉해지면 ②에서 건져낸 새우의 껍질을 벗겨 넣고 불을 꺼요.
7. 고수를 올리고 레몬즙을 뿌려 마무리해요.

Tom Yum Kung Porridge
똠얌꿍 오트밀죽

30대가 되어서야 고수의 매력에 빠지게 되었는데요, 같은 시기에 함께 좋아하게 된 음식 중 하나가 똠얌꿍입니다. 집에 있는 재료들로 똠얌꿍의 맛을 재현할 수 있어요. 고수 러버라면 여기에 고수를 듬뿍 올려보세요. 집에서 동남아에 여행 온 듯한 기분을 느낄 수 있을 거예요.

Potato Dill Soup
감자 딜 수프

딜을 싫어하던 저의 입맛을 완전히 바꿔 딜의 세계로 빠지게 해준 요리예요. 이 수프를 처음 먹고 큰 충격을 받았어요. 이 세상에는 정말 무궁무진한 요리와 재료의 궁합이 있다고 생각하게 되거든요. 여러분도 이 요리로 딜의 매력에 빠져보세요.

Ingredient

감자 100g, 식초 1스푼, 다진 양파 2스푼, 소금 1꼬집, 무가당 두유 150㎖, 삶은 계란 1개, 딜 듬뿍

TIP. 생크림을 사용하면 수프의 농도와 맛이 한층 깊어져요. 생크림을 고를 때에는 우유만을 원료로 아무것도 첨가하지 않고 유지방 함량이 높은 동물성 생크림을 선택하세요.

Recipe

1. 오일을 약간 두른 냄비에 다진 양파를 볶아요.
2. 양파 향이 올라오면 감자를 잘게 잘라 넣고 같이 볶아요.
3. 바닥에 눌러 붙기 전에 두유와 소금을 넣고 감자를 푹 익혀요.
4. ③을 핸드 블렌더나 믹서기로 곱게 갈아준 뒤 딜을 잘라 넣고 중약불로 줄여요.
5. 식초를 넣고 계속 끓이다 수프처럼 농도가 걸쭉해지면 불을 꺼요.
   TIP. 식초는 맛을 보면서 조금씩 추가하고, 부족한 간은 소금으로 조절해요.
6. 딜과 삶은 계란을 올려요.

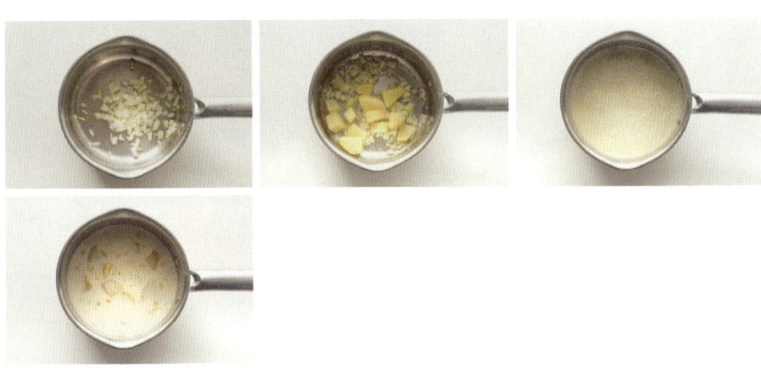

Tomato French Toast

토마토 프렌치토스트

프렌치토스트는 빵이 주가 되는 메뉴인데, 발상을 바꾸어 토마토가 주가 되는 프렌치토스트를 만들었어요. 먹다 남은 빵을 처리하기에도 좋은 레시피예요. 빵과 함께 통째로 섭취한 토마토로 충분한 포만감을 느껴보세요.

Ingredient

토마토·계란 1개, 통밀 식빵 1장, 그릭 요거트·메이플 시럽 2스푼, 소금 1꼬집

Recipe

1. 토마토는 꼭지 부분 2㎝ 정도 아래를 가로로 잘라요.
2. 토마토의 속을 파내어 그릇과 뚜껑처럼 만들어요.
3. 통밀 식빵은 깍둑 썰어 다진 토마토 속, 계란, 소금과 섞어요.
4. ②에 ③을 넣고 토마토 뚜껑을 덮어요.
5. 170℃로 예열한 오븐에 15분(에어프라이어 160℃로 예열 후 12분) 구워요.
   TIP. 종이포일에 감싸서 구우면 속까지 잘 익어요.
6. 그릭 요거트와 메이플 시럽을 뿌려 먹어요.
   TIP. 당류는 가급적 액체류를 완성된 요리에 뿌려먹는 것을 추천해요.

Tomato Nest Pasta
토마토 둥지 파스타

파스타면은 다이어트 식단에 활용하기 매우 좋은 재료 중 하나예요. 다이닝 레스토랑에서 먹음 직한 요리를 간단한 재료와 조리법으로 풀어냈어요. 파스타를 한입에 깔끔하게 먹을 수 있어요. 집에서 요리해먹기 어렵다고 생각하지 말고, 만들어 먹다 보면 밖에서 외식하는 빈도가 줄어들 거예요.

Ingredient

토마토 1개, 듀럼밀 세몰리나 스파게티면 40~45가닥, 노슈 거 베이크드 빈스 3스푼, 참치 3스푼(80g), 그라나파다노 치즈 가루 1스푼

Recipe

1. 스파게티면을 90% 정도 익을 만큼 삶고 면수는 4스푼 정도 빼두세요.
2. 토마토는 얇게 썰어요.
3. 베이크드 빈스, 참치, 그라나파다노 치즈 가루 ⅔스푼, 면수 4스푼에 스파게티면을 섞어요.
4. 머핀틀에 ③을 말아서 넣어요.
   TIP. 오븐에 넣을 수 있는 작은 용기 어떤 것도 좋아요.
5. 슬라이스한 토마토와 남은 그라나파다노 치즈 가루를 올려요.
6. 190℃로 예열한 오븐에 15분(에어프라이어 180℃로 예열 후 12분) 구워요.

Ingredient

가지 1개, 해산물 믹스 100g, 레몬즙 1티스푼, 오트밀 5스푼, 올리브오일·굴소스 1스푼, 물 ⅓컵, 후추·크러쉬드 레드페퍼·파슬리 약간

TIP. 한 가지 해산물만 사용해도 좋아요.

Option 고수 약간

Recipe

1. 가지는 세로로 길게 반으로 잘라요.
2. 가지 단면은 벌집 모양의 칼집을 내고 올리브오일, 소금을 뿌려 약불로 구워요.
3. 구운 가지의 속을 파내요. 그릇으로 사용할 껍질은 적당히 두껍게 남겨주세요.
4. 사용하던 프라이팬에 그대로 해산물을 넣고 레몬즙을 뿌려 볶아요.
5. ④에 오트밀과 분량의 물, 다진 구운 가지 속, 굴소스, 후추를 넣고 계속해서 볶아요.
   TIP. 해산물과 가지의 수분을 활용하면 더욱 고슬고슬하게 즐길 수 있어요.
6. 오트밀이 고슬고슬하게 익으면 불을 끄고 ③의 가지에 담아요.
7. 파슬리, 크러쉬드 레드페퍼를 뿌려 마무리해요.

Seafood Stir-fried Rice in Whole Eggplant

통가지 해물 볶음밥

밥 대용으로 먹는 오트밀을 재료로 한 보슬보슬한 볶음밥이에요. 가지 껍질을 그릇처럼 만들어 그릇째로 먹는 느낌이 재미있고 각종 해산물로 감칠맛을 더했어요. 단백질 섭취를 위해 닭가슴살만 고집할 필요는 없어요. 새우, 오징어 등의 해산물에도 풍부한 단백질이 들어있어요. 다양한 재료로 물리지 않는 건강한 식단을 즐겨보세요.

Nurungji Soup
with Tomato & Seafood

토마토 해물 누룽지 수프

레스토랑만 가도 쉽게 알 수 있듯 토마토와 해산물의 궁합은 실패 없는 조합입니다. 촉촉하고 부드러운 토마토, 쫄깃한 해산물에 현미와 곤약을 적당히 섞어 바삭함을 더했더니 식감도 너무 재미있어요. 고소한 맛을 부담 없이 즐겨보세요.

Ingredient

현미 곤약밥 100g, 토마토 1개, 물 1소주컵, 해산물 믹스 100g, 계란 1개, 소금 1꼬집

Recipe

1. 토마토를 다진 후 냄비에 넣고 볶아요.
2. 물을 넣고 보글보글 끓으면 계란을 풀어 넣고 소금도 넣어요.
3. 해산물을 넣고 해산물이 익을 때까지 끓여요.
4. 현미 곤약밥을 냄비나 뚝배기에 눌러서 그릇 모양처럼 만들어요.
5. 약불에서 10분간 노릇노릇 구워요.
6. ④에서 누룽지를 조심스레 꺼내 그릇에 올리고 토마토 해산물 수프를 부어요.
    TIP. 냄비나 뚝배기에서 누룽지를 꺼내지 않고 바로 수프를 부어도 좋아요.
7. 부족한 간은 소금으로 맞춰요.

PART
3

고등어 된장김밥

베이크드 스시

김치 순두부덮밥

두부 유부 소보로덮밥

두부 가지 주먹밥

바질 크림새우 오트밀죽

에그마요 아보카도 김밥

쑥떡 미역국

바질 토마토 김밥

참치 취나물 주먹밥

필요한 만큼 똑똑하게 먹는
탄수화물 요리

밥 먹으면 살찐다는 말은 이젠 옛말이죠? 좋은 탄수화물로 균형 잡힌 식사를 한다면 오히려 폭식 없는 건강한 다이어트가 가능해져요. 우리 몸의 구성 성분과 에너지원을 만드는 필수 영양소 탄수화물! 너무 적게 먹으면 에너지 공급이 안 되고, 너무 많이 먹으면 지방 세포로 전환되니 섭취에 주의가 필요한 것도 사실이에요. 탄수화물을 똑똑하고 맛있게 먹을 수 있는 레시피를 준비했어요.

Mackerel Doenjang Kimbap

고등어 된장김밥

어릴 적 엄마가 해주던 고등어찌개에는 된장이 들어갔어요. 매콤하고 자박한 고등어찌개였지만 된장이 들어가서 한층 더 깊고 고소한 맛이었지요. 예전에 먹던 찌개 맛의 추억을 김밥으로 구현해 봤어요. 밥과 찌개를 한 번에 먹는 느낌이에요.

TIP. 어릴 적 추억의 맛을 나만의 김밥 메뉴로 만들어보세요.

Ingredient

고등어 90g, 김밥용 김 1.5장, 된장 1스푼, 참기름 1스푼, 두부 40g, 현미밥 110g, 시금치 1줌

Option 식초 1티스푼, 청양고추 약간

Recipe

1. 고등어는 구워서 껍질을 잘 벗겨요.
   TIP. 훈제 고등어나 고등어자반을 이용해도 좋아요.
2. 김 1장 끝에 물을 묻혀 나머지 반을 붙여 1장으로 크게 만들어요.
3. 시금치는 끓는 물에 1분 내로 데친 후 찬물에 헹궈 물기를 꼭 짜주세요.
   TIP. 시금치를 데칠 때 식초 1티스푼 넣으면 초록색을 선명하게 유지할 수 있어요.
4. 밥에 된장과 참기름을 섞어요.
   TIP. 매콤하게 즐기고 싶으면 밥에 청양고추를 다져 넣으세요.
5. 김 위에 ④를 펼치고 두부, 데친 시금치, 구운 고등어를 올려 단단하게 말아요.

Baked Sushi

베이크드 스시

외국에서 유행하는 베이크드 스시를 다이어트 메뉴화했어요. 밥 양을 덜고 곤약밥을 섞어 칼로리를 절반으로 줄였어요. 한입에 쏘옥 넣어 먹는 구운 삼각김밥의 느낌이 나요. 들어가는 토핑에 따라 여러 가지 맛을 느낄 수 있는 만능 메뉴예요.

Ingredient

김밥용 김 1장, 현미 곤약밥 100g, 참치 80g, 하프 마요네즈 1스푼, 후추 약간, 아보카도 ½개

Recipe

1. 김밥용 김을 사등분해요.
2. 기름기를 제거한 참치에 하프 마요네즈와 후추를 넣고 섞어요.
3. 김에 밥을 먹기 좋은 크기로 올리고 머핀 틀에 살짝 눌러 넣어요.
4. 190℃로 예열한 오븐에 10분(에어프라이어 180℃로 예열 후 8분) 구워요.
   TIP. 너무 오래 구우면 밥과 김이 질겨지니 적당히 구워주세요.
   밥 자체에 양념을 한 후 구우면 새로운 느낌을 줄 수 있어요.
5. 아보카도를 먹기 좋은 크기로 잘라 올려요.
6. ②를 올려요.

Kimchi & Soft Tofu Rice Bowl

김치 순두부덮밥

간단하게 완성되는 덮밥인데 맛은 단순하지 않아요. 두부가 포만감을 높이고, 김치 덕분에 다른 간은 필요 없어요. 마지막에 넣는 계란은 촉촉하게 익혀서 밥에 쓱쓱 비벼 드세요.

Ingredient

현미 곤약밥 100g, 순두부 5스푼, 김치 3스푼, 파·양파 약간, 계란 2개, 참기름 2스푼
TIP. 감칠맛이 더 필요하면 굴소스 1스푼을 추가하세요.

Option 저염간장 1스푼, 물 적당량

Recipe

1. 파와 양파는 채 썰어요.
2. 계란은 풀어서 준비해요.
3. 프라이팬에 참기름을 두르고 양파를 볶아요.
4. 양파 향이 올라오면 김치와 파를 넣고 계속 볶아요.
   TIP. 물기가 너무 없으면 물을 3스푼 정도 넣어주세요. 자박하게 먹고 싶으면 김치를 볶을 때 저염간장 1스푼과 1소주컵 정도의 물을 넣으세요.
5. 순두부를 넣고 ②의 계란물을 부어요.
6. 취향에 맞게 계란을 익혀 밥 위에 올려요.

Ingredient

유부 4장, 두부 40g, 계란 2개, 현미 곤약밥 120g, 유부 후리가케 1티스푼

Sauce 저염간장 2스푼, 들기름(또는 참기름) 1스푼, 굴소스 1티스푼, 식초 ½티스푼

Recipe

1. 두부는 끓는 물에 1분 내로 데치거나 그냥 준비해서 으깨요.
2. 기름을 두르지 않은 프라이팬에 ①을 넣고 강불에서 물기를 날리듯 볶아요.
3. 두부의 물기가 사라지면 소스 재료를 넣고 소스가 사라질 때까지 약불에서 볶아요.
4. 뜨겁게 예열한 프라이팬에 계란을 풀어서 부어요.
5. 빠르게 ④를 휘젓다가 계란이 덩어리로 뭉치면 불을 바로 꺼요. (약 1분 내)
6. 유부는 가늘게 채 썰어요.
   TIP. 유부의 물기는 짜내지 말고 밥에 비벼 먹는 소스 느낌으로 사용해요.
7. 밥 위에 ⑤를 올리고 ⑥과 ③, 유부 후리가케를 순서대로 올려 완성해요.

Tofu Crumble Rice Bowl
두부 유부 소보로덮밥

유부를 먹을 수 있는 색다른 레시피예요. 두부를 소보로처럼 만들어 전체적인 칼로리를 낮추었고, 포만감과 단백질까지 챙겼어요. 든든한 한 끼가 되는 덮밥으로 자꾸 생각나는 맛입니다. 두부 소보로는 국수나 빵 위에 올려 크럼블처럼 이용할 수 있어요.

Tofu & Eggplant Rice Ball
두부 가지 주먹밥

지구를 생각하는 비건을 위한 레시피예요. 가지를 살짝 데쳐 찢듯이 자르면 고기와 식감이 비슷해져요. 최소한의 밥을 사용해 만드는 주먹밥이지만, 포만감을 담당하는 두부 덕분에 한 끼 식사로도 손색이 없어요.

Ingredient

가지 ½개, 두부 60g, 현미 곤약밥 100g, 김밥용 김 ½장
Sauce 들기름 1스푼, 마늘 1톨, 소금 1꼬집

Recipe

1. 가지는 1㎝ 두께로 잘라 끓는 물에 3분간 데쳐요.
2. 가지를 데치기 시작한 지 2분 정도 지나면 두부를 넣고 함께 데쳐요.
3. 가지를 꺼내 물기를 꼬옥 짜고 들기름과 소금, 마늘을 다져 넣고 섞어요.
4. 두부도 물기를 제거한 후 으깨요.
5. 밥에 ③과 ④를 넣고 조물조물 뭉쳐 주먹밥을 만들어요.
   TIP. 가지에 밑간을 해두면 밥에는 따로 할 필요가 없어 뭉칠 때 손이 깔끔해요.
6. 김을 사등분해서 주먹밥에 붙여요.
   TIP. 싱거우면 소금을 뿌리거나 소스에 찍어 먹어요.

Ingredient

올리브오일 또는 기버터·바질 페스토 1스푼, 슬라이스 치즈 1장, 새우 4~5마리(100g), 오트밀 30g, 무가당 두유 100㎖, 레몬즙 약간

Recipe

1. 올리브오일이나 기버터를 두른 프라이팬에 새우를 구워요.
   TIP. 껍질째 구운 새우로 오트밀죽을 만들면 감칠맛이 더 깊어져요.
2. 새우가 어느 정도 익으면 빼내고 같은 프라이팬에 오트밀을 넣어요.
   TIP. 새우를 너무 오래 익히면 퍽퍽해지니 빨갛게 될 때까지만 익혀요.
3. 두유와 바질 페스토를 넣고 골고루 섞으면서 끓여요.
4. 오트밀이 어느 정도 익고, 물기가 줄어들면 슬라이스 치즈와 새우를 올리고 뚜껑을 닫아 약불에서 1~2분간 치즈를 녹여요.
5. 레몬즙을 뿌려 마무리해요.

Basil Cream Shrimp Porridge
바질 크림새우 오트밀죽

바질과 새우의 조합을 정말 좋아해요. 향긋한 바질이 고소하고 오독한 새우와 입안에서 같이 씹힐 때의 느낌이 특히 좋아요. 부담스러운 쌀 대신 오트밀로 만든 죽은 맛이 한층 더 고소하고 포만감도 오래 가요. 팬 하나로 쉽고 간단하게 만들어 리소토처럼 근사하게 한 끼를 즐겨보세요.

Egg Mayo Avocado Kimbap
에그마요 아보카도 김밥

에그마요에 아보카도 조합을 빵에만 적용해 먹으라는 법 있나요? 밥 없이 못 사는 분들을 위한 김밥 레시피. 자극적이지 않고 부드러운 맛이 일품이에요. 저칼로리 마요네즈를 이용해 부담을 덜었으니 걱정하지 말고 만들어보세요.

Ingredient

삶은 계란 2개, 아보카도 ¼개, 현미 곤약밥 100g, 두부 30g, 단무지 1줄, 김밥용 김 1.5장, 하프 마요네즈·참기름 1스푼, 소금 2꼬집, 참치 80g, 식초 1티스푼

TIP. 남은 아보카도 단면에 레몬즙을 발라 엎은 채 냉장고에 보관하면 변색을 최소화할 수 있어요.

Recipe

1. 밥에 식초, 참기름, 소금을 넣고 섞어요.
2. 참치는 기름을 쫙 빼주세요.
3. 삶은 계란과 두부는 으깬 뒤 하프 마요네즈와 섞어요.
   TIP. 하프 마요네즈 대신 비건 마요네즈를 사용해도 좋아요.
4. 아보카도는 먹기 좋은 크기로 잘라요.
5. 김에 밥을 얇게 깔아요.
6. ⑤ 위에 ③과 ②, ④, 단무지를 올리고 단단하게 말아요.
   TIP. 김이 찢어지거나 모자라면 ½장을 덧대어 말면 돼요. 손으로 김 끝에 물을 톡톡 묻히면 잘 붙어요.

Mugwort Rice Cake Seaweed Soup
쑥떡 미역국

제가 좋아하는 것 + 좋아하는 것의 조합으로 우연히 해먹어 보고 반해 며칠을 연속으로 먹은 레시피입니다. 엄마가 봄에 캔 쑥으로 만든 쑥절편이 미역국 안에 퍼져 건강 수프 한 그릇을 먹는 기분이 들어요. 소고기와 계란까지 넣어 완벽한 탄단지 한 그릇입니다.

Ingredient

마른 미역 1줌, 소고기 50g, 쑥절편 2개, 소금 2꼬집, 참기름·참치액젓·저염간장 1스푼, 물 400㎖

Recipe

1. 미역은 불려서 준비하고(최소 2시간) 소고기는 잘게 잘라요.
2. 냄비에 참기름을 두르고 소고기, 소금을 넣고 볶아요.
3. 소고기 겉면이 바짝 구워지면 불린 미역을 먹기 좋게 잘라 넣어요.
4. 저염간장을 넣어 물기가 사라질 때까지 미역과 소고기를 볶아요.
5. 물기가 사라지면 물을 붓고 팔팔 끓이고 참치액젓으로 간을 맞춰요.
6. 쑥절편을 가늘게 잘라 팔팔 끓는 미역국에 넣고 떡이 흐물해지기 전에 불을 꺼요.

   TIP. 쑥절편은 미역국이 완성된 후 마지막에 넣어 떡이 말랑해질 정도로만 끓여주세요(약 1분 내외). 너무 오래 끓이면 떡이 녹아내리니 주의하세요.

Basil Tomato Kimbap

바질 토마토 김밥

K-Food의 대표 중 하나인 김밥을 글로벌 버전으로 만들었어요. 요즘에는 쉽게 구할 수 있는 외국 재료들로 다양한 메뉴를 만들어 색다르게 즐길 수 있어요. 재료마다 간이 다 되어있어서 특별한 간을 하지 않아도 감칠맛이 일품인 퓨전 김밥의 매력을 느껴보세요.

Ingredient

현미밥 110g, 바질 페스토 ⅔티스푼, 계란 2개, 선드라이드 토마토 4~6개, 아보카도 ¼개, 슬라이스 치즈 1장, 김밥용 김 1~1.5장

Recipe

1. 밥에 바질 페스토를 섞어요.
   TIP. 다른 페스토를 사용해도 좋아요. 페스토는 간이 세니 아주 소량만 넣고, 다른 속 재료에는 따로 간을 하지 않아요.
2. 계란을 풀어 계란말이를 만들어요.
3. 김 위에 ①의 밥을 얇게 깔아주세요.
4. 치즈를 반으로 잘라 ③의 위쪽 남은 김에 붙여요.
5. ②와 먹기 좋게 자른 아보카도, 선드라이드 토마토를 올리고 단단하게 말아요.

Ingredient

참치 80g, 취나물 ½줌, 단무지 20g, 현미밥 100g, 참기름 또는 들기름 1.5스푼, 참치액젓 1스푼, 소금·깨 약간

TIP. 취나물 외에 각종 나물로 대체가 가능해요.

Option 하프 마요네즈 1스푼

Recipe

1. 참치는 기름을 쫙 빼주세요.
2. 취나물은 데쳐서 준비해요.
   TIP. 물기를 꼭 짜주어야 주먹밥을 만들 때 잘 뭉쳐져요.
3. 단무지는 잘게 다져요.
4. 밥, 데친 취나물, 다진 단무지에 참기름, 참치액젓, 소금, 깨를 넣어 잘 섞어요.
5. 동그랗게 뭉쳐 원하는 크기로 주먹밥을 만들어요.
6. 기호에 따라 주먹밥 위에 하프 마요네즈를 약간 올려 먹으면 고소함이 극대화돼요.

Tuna & Chwinamul Rice Ball

참치 취나물 주먹밥

쌉쌀한 취나물에 고소한 참치와 아삭아삭 새콤달콤한 단무지를 섞어 한입에 쏘옥 먹을 수 있는 주먹밥이에요. 나물을 사놓거나 만들어 두면 빨리 처리해야 하고, 레시피도 한정적이라 한번 하기도 부담스럽고 망설여지지만, 이 레시피라면 남은 나물 처리도 문제없어요.

PART 4

ABC 샌드위치

계란 오픈 토스트

추억의 샌드위치

두부크림 치즈 토스트

두부카도 연어 샌드위치

리코타 페스토 오픈 토스트

망고 요거트 치킨 샌드위치

새우 타르타르 샌드위치

올리브 계란 오픈 토스트

햄치즈 바질 샌드위치

다이어트 중에도
마음껏 즐기는 베이커리

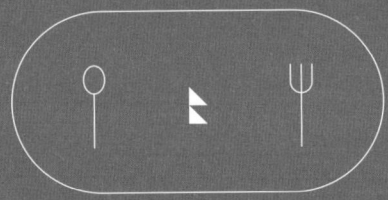

다이어트할 때 가장 간절하게 당기는 음식이 빵 아닐까 싶어요. 빵순이들을 위해 다이어트 중에도 충분히 즐길 수 있는 건강한 빵 레시피를 준비했어요. 빵은 무조건 먹으면 안 되는 것으로 생각하지 말고, 빵을 어떻게 먹어야 건강하고 맛있게 즐길 수 있을지를 생각해보세요.

Ingredient

통밀 식빵 2장, 사과 ½개, 비트 30g, 당근 1개, 홀그레인 머스터드 1스푼
TIP. 빵이 부담스러우면 토르티야로 대체하세요.

Recipe

1. 식빵의 한쪽 면에만 홀그레인 머스터드를 발라요.
2. 당근은 채칼을 이용해 얇게 썰어요.
3. 비트는 얇게 잘라 삶아요. (8분)

   TIP. 바로 먹는 비트를 구매하면 준비가 더욱 간단해져요.
4. 사과도 얇게 썰어요.
5. 빵 사이에 사과, 비트, 당근을 넣어 샌드위치를 완성해요.

ABC Sandwich

ABC 샌드위치

ABC 주스를 샌드위치화 시켜봤더니 깜짝 놀랄 정도로 맛있어요. 컬러도 예뻐서 눈으로도 먹는 느낌의 샌드위치입니다. 맛의 조화는 물론 씹히는 식감까지 신기할 정도로 좋아요. 간단한 재료만큼 준비 과정도 단순해요.

Egg Open Toast
계란 오픈 토스트

계란 노른자와 흰자를 따로 분리해 각자의 개성이 돋보이는 토스트입니다. 어디서든 쉽게 구할 수 있는 계란은 단백질이 풍부하고 많은 요리에 두루 잘 어울려요. 가장 기본적인 빵과의 조합, 하지만 색다른 방법으로 계란 요리에 도전해 보세요.

Ingredient

사워도우 빵 1조각, 기버터·홀그레인 머스터드 1티스푼, 계란 2개, 하프 마요네즈·저지방 크림치즈 1스푼

TIP. 기버터 대신 올리브오일을 사용해도 좋아요.

Option 차이브 또는 쪽파 약간

Recipe

1. 계란은 완숙으로 삶아요.

    TIP. 반숙란은 물이 끓기 시작한 후 계란을 넣고 7~8분, 완숙란은 9~10분 삶아요.

2. 사워도우 빵은 기버터를 두른 프라이팬에 바짝 구워요.
3. 삶은 계란의 흰자와 노른자를 분리해서 따로 담아요.
4. 계란 노른자를 으깨어 홀그레인 머스터드와 섞어요.
5. 계란 흰자는 강판에 곱게 갈아요.
6. 구운 사워도우 빵 위에 ④와 ⑤를 차례대로 올려요.

    TIP. 차이브 또는 쪽파를 다져 올려요.

Aunt's Sandwich
추억의 샌드위치

어렸을 때 고모가 해주던 간식이에요. 고모 집에 놀러 가면 늘 식탁 위에 가지런히 놓여있던 샌드위치로, 저에겐 따뜻하고 든든한 한 끼였어요. 고모를 그리워하는 마음이 담긴 사랑의 샌드위치입니다.

Ingredient

쌀 식빵 3장, 완숙란 2개, 오이 ¼개, 하프 마요네즈 2스푼, 소금 1꼬집, 무설탕 딸기잼 1.5티스푼
TIP. 빵은 최대한 부드러운 것으로 선택해요.

Recipe

1. 오이는 얇게 썰어 소금을 뿌린 후 30분 뒤에 물기를 꽉 짜주세요.
   TIP. 오이 씨는 제거해요.
2. ①의 오이를 다져서 하프 마요네즈 1스푼을 넣고 섞어요.
3. 완숙란을 으깨어 남은 하프 마요네즈와 섞어요.
4. 쌀 식빵 2쪽의 한쪽 면에만 딸기잼을 얇게 펴 발라요.
5. 딸기잼을 바른 빵 2쪽 중 1쪽엔 ②를, 1쪽엔 ③을 올려요.
6. 빵을 순서대로 올리고 마지막에는 아무것도 안 올린 빵을 덮어요.
   TIP. 테두리를 잘라내요.

Tofu Cream Cheese Toast
두부크림 치즈 토스트

두부를 크림처럼 만들어 먹으면 포만감은 물론 부드럽고 고소한 맛에 반하게 될 거예요. 두부의 변신은 어디까지인지, 어떤 맛까지 낼 수 있는지 궁금하다면 일단 두부크림 먼저 만들어 먹어보세요.

Ingredient

통밀 식빵·슬라이스 치즈 2장, 계란 1개, 무가당 두유 50㎖, 순두부 3스푼, 그라나파다노 치즈 가루 1스푼, 꿀 1스푼(또는 메이플 시럽 2스푼), 기버터 약간

TIP. 치즈는 모차렐라 치즈를 추천하고, 두부는 순두부나 연두부로 준비하세요.

Recipe

1. 통밀 식빵 2장에 슬라이스 치즈 2장을 각각 올린 후 빵을 겹쳐요.
2. 계란은 두유와 섞어 풀어요.
3. ①을 ②에 흠뻑 적셔요.
4. 순두부와 그라나파다노 치즈 가루, 꿀을 믹서기로 곱게 갈아요.
5. 기버터를 살짝 두른 프라이팬에 ③을 중약불로 구워요.
6. 노릇하게 구워진 치즈 토스트 위에 ④를 부어 완성해요.

Ingredient

순두부 5스푼(80g), 저지방 크림치즈 2스푼, 아보카도 ⅓개, 훈제연어 100g, 통밀 식빵 2장, 딜·후추 약간, 소금 1꼬집

Recipe

1. 순두부는 으깨서 저지방 크림치즈와 잘 섞어요.
   TIP. 순두부의 물기는 키친타올이나 거즈로 꼭 제거하세요.
2. 아보카도는 포크를 이용해 덩어리지게 으깨요.
3. ①과 ②를 잘 섞고 딜, 소금, 후추를 넣어요.
   TIP. ①, ②의 모든 재료를 믹서기에 넣고 1초씩 갈고 멈추기를 5번 반복해도 돼요.
4. 식빵 1쪽에 ③의 크림을 듬뿍 올려요.
5. 다른 1쪽에는 훈제연어를 차곡차곡 올려요.
6. ④와 ⑤를 합쳐 래핑 후 반으로 잘라요.

Tofu-cado & Salmon Sandwich

두부카도 연어 샌드위치

부드럽고 촉촉한 순두부에 아보카도를 섞어 만든 크림으로 소스가 따로 필요 없고, 훈제연어를 넣어 간 할 필요 없는 너무나 간단한 샌드위치예요. 샌드위치에 많은 재료를 넣어 다양한 맛과 풍부함을 느낄 수도 있지만, 최소한의 재료로 만족감을 최고치로 끌어올릴 수 있다는 것을 보여주는 레시피입니다.

Ricotta Pesto Open Toast

리코타 페스토 오픈 토스트

우유 단백질이라고도 불리는 리코타 치즈의 고소하고 부드러운 맛을 페스토와 적절히 섞은 감칠맛 폭발 토스트입니다. 어떤 페스토를 섞어도 잘 어울려서 응용하기 좋은 레시피로 빠르고 쉽게 만들어 먹을 수 있어요.

Ingredient

사워도우 빵 1조각, 리코타 치즈 2스푼, 바질 페스토·칠리 페스토 1티스푼, 토마토 1개(또는 방울토마토 6개), 그라나파다노 치즈 가루 약간

TIP. 빵은 사워도우, 바게트 등의 하드한 빵과 곁들여야 잘 어울려요.

Option 올리브오일·구운 야채 적당량

Recipe

1 사워도우 빵은 반으로 잘라 바짝 구워주세요.
  TIP. 올리브오일을 뿌려 구우면 더 맛있어져요.

2 리코타 치즈 1스푼과 바질 페스토 1티스푼, 리코타 치즈 1스푼과 칠리 페스토 1티스푼을 각각 섞어 준비해요.

3 토마토는 큼직하게 썰어서 마른 프라이팬에 구워요.

4 각 빵에 ②의 각기 다른 스프레드를 발라요.

5 ④에 구운 토마토를 올리고 그라나파다노 치즈 가루를 뿌려요.
  TIP. 구운 야채를 올려 먹으면 더욱 맛있어요.

Mango Yogurt Chicken Sandwich

망고 요거트 치킨 샌드위치

단순한 메뉴로 느껴지는 닭가슴살 샌드위치에 아이돌이 먹는다는 망고 요거트를 넣었어요. 퍽퍽한 닭가슴살이 망고 요거트와 상큼하게 어우러져요. 망고 요거트는 단독으로 먹기에도 너무 좋아요.

Ingredient

플레인 요거트 6스푼, 건망고 5개, 닭가슴살 100g, 통밀 식빵 2장, 양상추 6장, 소금 2꼬집, 올리브오일 약간
TIP. 무가당 요거트를 넣어야 너무 달지 않아요.

Recipe

1. 플레인 요거트에 건망고를 작게 잘라 넣고 섞어 반나절 이상 두세요.
   TIP. 먹기 전날 밤 만들어 냉장고에 재워두었다가 사용하면 편해요.
2. 올리브오일을 두른 프라이팬에 닭가슴살을 구워요. 소금으로 간을 맞춰요.
3. 양상추는 깨끗이 씻어 물기를 제거해요.
4. 통밀 식빵 한쪽에는 양상추를, 다른 한쪽에는 망고 요거트를 듬뿍 발라 올려요.
5. 양상추 위에 닭가슴살을 올려요.
   TIP. 잘리는 단면을 고려해서 올리세요.
6. 빵을 합쳐 래핑 후 반으로 잘라요.

Ingredient

미니 곡물 바게트 1개, 양상추 3~5장, 새우 3~5마리

Sauce 그릭 요거트·다진 양파 2스푼, 레몬즙·하프 마요네즈 1스푼, 올리브 4~5개, 딜·후추 약간

Recipe

1. 바게트 윗부분 가운데부터 아래 1㎝ 정도를 남기고 칼집을 내요.
2. 새우는 끓는 물에 3분 정도 데쳐요.
3. 바게트 위 갈라진 부분 사이로 양상추를 넣어요.
4. 올리브를 다져서 소스 재료와 섞어요.
5. ③ 위에 ④를 올려요.
6. 새우를 올려 마무리해요.

Shrimp Tartar Sandwich

새우 타르타르 샌드위치

새우를 좋아한다면 크게 반길만한 레시피입니다. 통곡물 빵의 저탄수화물, 새우의 단백질, 타르타르 소스의 건강한 지방이 완벽한 조화를 이루는 한 끼랍니다. 탄수화물이 부담스럽다면 빵 속을 파서 만드세요. 빵 없이 만들어 타르타르 소스를 뿌리고 새우 샐러드로 먹어도 좋아요.

Ingredient

올리브 6개, 삶은 계란 1개, 사워도우 빵 1조각, 차이브 또는 쪽파 약간, 홀그레인 머스터드 1티스푼, 올리브오일 2스푼, 후추·레몬즙 약간

TIP. 차이브나 쪽파 대신 딜을 사용해도 좋아요.

Option 크러쉬드 레드페퍼 약간

Recipe

1. 올리브오일 1스푼을 사워도우 빵에 골고루 바른 뒤 프라이팬에 바싹 구워요.
2. 올리브는 얇게 썰어요.
3. 삶은 계란은 4~5조각으로 잘라요.
4. 차이브 또는 쪽파는 다져요.
5. ②에 ④와 올리브오일 1스푼, 홀그레인 머스터드, 레몬즙, 후추를 섞어요.
6. 사워도우 빵 위에 ⑤를 올려요.
7. ③을 올리고 후추를 뿌려 마무리해요.

   TIP. 데코로 크러쉬드 레드페퍼를 올려보세요.

Olive Egg Open Toast
올리브 계란 오픈 토스트

사라진 입맛을 되찾아 준 토스트 메뉴입니다. 삶은 계란만 있으면 불을 사용하지 않고 뚝딱 만들 수 있어요. 토스트 자체의 맛이 풍부해서 소스를 따로 준비하지 않아도 돼요. 이 토스트 안에 너무 많은 킥이 있어 어느 하나를 꼽을 수도, 뺄 수도 없어요.

Ham Cheese Basil Sandwich

햄치즈 바질 샌드위치

얼핏 흔해 보이는 평범한 샌드위치 같지만 이 안에 숨은 킥이 두 개가 있습니다. 하나는 소스를 전혀 쓰지 않았다는 것, 다른 하나는 흘러내리지 않는 샌드위치 만들기가 가능하다는 것입니다.

Ingredient

닭가슴살 햄 6장, 계란 1개, 통밀 식빵 2장, 무염버터(자연버터) 1스푼, 바질 페스토 ⅓티스푼, 슬라이스 치즈 1장, 양상추 3장

TIP. 햄은 고기 함량이 95% 이상인 것으로 준비하세요.

Recipe

1. 버터와 바질 페스토를 섞어 통밀 식빵 한쪽 면에 각각 발라요.

   TIP. 바게트 빵과도 잘 어울려요.

2. 계란은 프라이로 만들어요.

3. 식빵 위에 닭가슴살 햄을 사방으로 겹치면서 올리고 가운데 남은 2장을 올려요.

   TIP. 햄을 끓는 물에 30초 정도 데치면 짠맛과 몸에 나쁜 성분을 빼낼 수 있어요.

4. 치즈, 양상추, 계란 프라이를 올리고 아래쪽에 펼쳐진 햄으로 덮어요.

5. 맨 위에 나머지 빵을 덮어 완성해요.

PART
5

두부김치 참치 비빔면

매콤 오징어 잡채

면코노미야키

비트 파스타

스파이시 피넛버터 치킨누들

유부초면

바질 토마토 냉면

통가지 참치 파스타

흑임자 콩국수

메밀 된장 소바

먹어도 살 안 찌는
건강한 면 요리

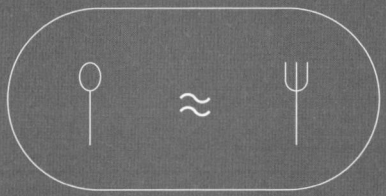

밥, 빵에 이어 또 다른 탄수화물인 면의 종류는 요즘 너무나도 다양해요. 우리가 아는 밀가루뿐 아니라 곤약면, 두부면, 에그 누들, 쌀국수면, 듀럼밀 세몰리나 스파게티면 등 선택의 폭이 매우 넓어졌어요. 밀가루를 소화하기 어렵거나 부담스럽다면 여러 가지 면을 시도해 내게 맞는 면을 찾아 면 요리도 가볍게 즐겨보세요.

Ingredient

곤약면 100g, 두부 60g, 김치 1줌, 참치 80g, 참치액젓 1스푼, 들기름·깨 약간

Recipe

1. 두부는 데친 후 물기를 꽉 짜서 으깨요.

   TIP. 두부를 데치면 한결 더 부드러워지고 잘 으깨져요.

2. 참치는 기름기를 쫙 빼주세요.

   TIP. 참치를 체에 넣고 뜨거운 물에 씻어주듯 기름을 걸러주면 맛이 더욱 깔끔해져요.

3. 김치는 씻어서 쫑쫑 다져요.

   TIP. 씻은 김치를 참기름이나 들기름에 조물조물 무치면 더 고소해져요.

4. 곤약면 위에 씻은 김치, 참치, 으깬 두부 순으로 올리고, 참치액젓과 들기름을 두른 후 깨를 뿌려 마무리해요.

Tofu Kimchi & Tuna Bibimmyeon

두부김치 참치 비빔면

두부와 김치, 참치가 조화를 이룬 간편하고 든든한 면 요리입니다. 두부로 포만감을 주고 김치로 간을 했으며 참치로 고소함과 단백질까지 챙겨줬어요. 김치 덕분에 간을 추가하지 않아도 맛있게 먹을 수 있어요. 집에 늘 있을 법한 재료들로 구성된 메뉴라 쉽고 빠르게 만들어 먹을 수 있어요.

Spicy Squid Japchae
매콤 오징어 잡채

경상남도 지역에서 잡채밥을 시키면 짜장 소스가 곁들여져 나와요. 잡채밥에 나오는 짜장을 먹고 나면 소화가 잘 되지 않고 속이 더부룩해져서 잡채밥을 잘 시켜먹지 않았어요. 제 입맛에 맞도록 짜장 소스를 대체할 깔끔하고 매콤한 소스를 만들었어요. 돼지고기 대신 오징어를 넣어 쫄깃하고 담백한 요리입니다.

Ingredient

오징어 100g(또는 한치 10~12마리), 곤약면 100g, 미니 당근 2개(큰 사이즈 ½개), 시금치 1줌

Sauce 고춧가루·저염간장·참기름 1스푼, 참치액젓·알룰로스 1티스푼, 깨 약간

TIP. 흥건한 소스에 비벼 먹기를 원하면 소스 재료에 물 ½컵과 굴소스, 고춧가루를 1스푼씩 추가하세요.

Recipe

1. 당근은 채 썰고 오징어는 먹기 좋은 크기로 잘라요.
2. 프라이팬에 오일을 살짝 두르고 당근을 볶아요.
3. 곤약면과 분량의 소스 재료를 넣어요.
4. 시금치를 넣고 숨이 죽을 때까지 볶아요.
   TIP. 소스가 거의 사라지면 물을 1소주컵 정도 추가해요.
5. 오징어를 넣어요.
6. 오징어가 익을 때까지 중약불로 볶아주면 완성입니다.

Myeon-Konomiyaki
면코노미야키

밀가루 대신 칼로리가 거의 없는 곤약면을 넣어 건강한 오코노미야키를 만들었어요. 계란과 곤약면으로 반죽을 하고, 양배추로 그 틈을 채웠어요. 다른 해산물도 좋지만 큼지막하게 씹히는 문어를 넣어 식감에도 재미를 더했어요.

TIP. 문어는 의외로 조리 시간이 짧고 그램당 단백질 함량도 높아서 식단에 활용하기 좋아요.

Ingredient

곤약면 100g, 문어 40g(다리 1개), 계란 2개, 채 썬 양배추 1줌, 소금 1꼬집, 가쓰오부시 적당량
TIP. 문어 대신 오징어나 새우도 좋아요.

Recipe

1. 문어는 먹기 좋은 크기로 작게 잘라요.
2. 채 썬 양배추, 자른 문어, 곤약면에 계란을 풀어 넣고 소금과 함께 잘 섞어요.
3. 프라이팬에 오일을 살짝 두르고 중강불에서 ②를 전 모양으로 펼쳐 문어가 익을 때까지 구워요.
4. 가쓰오부시를 올려 마무리해요.

Ingredient

듀럼밀 세몰리나 스파게티면 45~50가닥, 면수 5스푼, 비트 45g, 순두부 2스푼, 저지방 크림치즈 1스푼, 소금 3꼬집, 무가당 아몬드 우유 40㎖

Option 올리브오일·소금 또는 치즈 적당량

Recipe

1. 스파게티면을 90% 익은 상태까지 삶아요.
   TIP. 올리브오일 1스푼, 소금 ½티스푼과 함께 삶으면 좋아요.
2. 비트는 잘게 잘라 삶아요. (8분)
   TIP. 바로 먹기 좋은 상태로 판매하는 비트를 사용하면 편리해요.
3. 스파게티면을 건져내고 면수는 따로 두세요.
4. 비트와 순두부, 저지방 크림치즈, 소금, 아몬드 우유, 면수를 믹서기로 갈아요.
5. 프라이팬에 ④를 넣어요.
6. 스파게티면을 넣어 비트의 색이 입혀지도록 중약불로 졸여요.
7. 면에 색도 입혀지고 소스가 걸쭉하게 남으면 불을 끄고, 부족한 간은 소금이나 치즈 등으로 보충해요.

 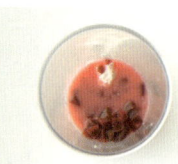 

Beet Pasta

비트 파스타

몇 년 전부터 건강식품으로 각광받고 있는 식재료 중 하나인 비트는 특히 여자에게 매우 좋다고 해요. 그래서 컬러 또한 핑크로 취향 저격을 해봤어요. 비트의 붉은 색을 잠재운 재료로 무엇을 썼는지 맞춰보세요. 앞으로 모든 크림을 만들 때 이 재료를 사용하게 될 거예요.

TIP. 비건식으로도 좋아요.

Spicy Peanut Butter Chicken Noodles

스파이시 피넛버터 치킨누들

영국에 거주할 때 동남아 식당에서 먹었던 누들 맛을 재현했어요. 곤약면과 100% 땅콩버터로 건강한 지방과 단백질까지 챙길 수 있어요.

TIP. 숙주나 청경채, 배추 등을 추가해 씹는 맛과 포만감을 충족해주면 좋아요.

Ingredient

곤약면 100g, 닭가슴살 80g, 느타리버섯 1줌, 청경채 ½개, 물 2소주컵

Sauce 땅콩·건고추·100% 땅콩버터 1스푼 듬뿍, 참치액젓·메이플 시럽 1티스푼, 저염간장 2스푼, 스리라차 소스 1~2스푼, 마늘 1톨, 레몬즙 1스푼

Option 건고추·땅콩 적당량

Recipe

1. 닭가슴살을 먹기 좋은 크기로 잘라 프라이팬에 구워요.
   TIP. 닭가슴살 대신 새우, 돼지고기, 소고기 등으로 자유롭게 대체 가능해요.
2. 분량의 재료를 모두 섞어 소스를 만들어요.
3. 닭가슴살이 어느 정도 익으면 곤약면과 느타리버섯, ②를 넣어 잘 섞어요.
4. 청경채와 물을 넣은 뒤 뚜껑을 덮어 청경채 숨이 살짝 죽을 때까지만 익혀요.
   TIP. 기호에 따라 건고추와 땅콩을 으깨어 뿌려주면 더 맛있어요.

Ingredient

유부 4~6장, 곤약면 100g, 계란 노른자 1개, 소고기 우둔살 60g, 김·와사비 약간, 소금 1꼬집

TIP. 다른 저탄수화물 면으로 대체 가능해요.

Recipe

1. 소고기에 소금을 뿌리고 오일을 살짝 두른 프라이팬에 구워요.
   TIP. 기호에 맞게 익혀요.
2. 곤약면을 계란 노른자에 담궈 잘 섞어요.
3. 유부를 벌려 노른자 섞인 곤약면을 나누어 넣어요.
4. 소고기를 먹기 좋은 크기로 잘라 올려요.
5. 김과 와사비를 올려 마무리해요.

Noodles in Fried Tofu
유부초면

유부에 밥 대신 두부를 넣는 레시피를 뛰어넘어 곤약면을 넣었어요. 스키야키에서 영감을 받아 면을 계란 노른자에 적시고, 유부에 넣은 뒤 소고기와 와사비를 곁들여 한입에 먹는 저탄수 저칼로리 고단백 레시피입니다.

Basil Tomato Cold Noodles

바질 토마토 냉면

바질과 토마토 맛의 궁합을 한번이라도 경험하면 빠져나오기 힘들어요. 카페에서도 흔히 만날 수 있는 조합인데요. 음료를 넘어서 시원한 냉수프로 만들었어요. 면을 적시듯 비벼 먹는 이색적인 레시피를 소개할게요.

Ingredient

토마토 2개, 사과 ½개, 오이 ¼개, 양파 20g, 곤약면 100g, 메이플 시럽 ½소주컵, 마늘 1톨, 레몬즙 1스푼, 바질 페스토 1티스푼, 소금 약간

Recipe

1. 토마토, 사과, 양파는 깍둑 썰어요.
2. 오이는 껍질과 씨를 제거하고 깍둑 썰어요.
   TIP. 오이의 씨와 껍질을 제거해야 쓴맛이 나지 않아요.
3. 믹서기에 토마토, 오이, 사과, 양파, 마늘, 바질 페스토, 소금, 메이플 시럽, 레몬즙을 넣고 갈아요.
4. ③에 곤약면을 넣어 비벼 먹어요.
   TIP. 빵과도 잘 어울려요.

Ingredient

가지 1개, 참치 80g, 듀럼밀 세몰리나 스파게티면 45가닥, 면수 4스푼, 마늘 1톨, 후추 약간

TIP. 가지는 길이가 짧은 것을 사용하세요. 가지를 싫어하면 애호박으로 대체하세요. 스파게티면으로 숏파스타를 써도 좋아요.

Sauce 참치액젓·참기름 1스푼, 면수 4스푼

Recipe

1. 스파게티면을 삶아요. 소스에 넣을 면수 4스푼은 따로 빼두어요.
2. 가지는 꼭지에서 5㎝ 가량 아래로 자르고 가지 속을 파내요.
3. 파낸 가지 속은 먹기 좋은 크기로 잘라 5분 정도 데쳐요.
4. 속을 파낸 가지 몸통과 꼭지 부분은 180℃로 예열한 오븐에 15분(에어프라이어 170℃로 예열 후 12분) 구워요.

    TIP. 가지 표면에 올리브오일과 소금을 골고루 발라주면 더 예쁘고 맛있게 구워져요.
5. 삶은 스파게티면과 면수, 참치, ③, 소스 재료를 섞어요.
6. 오븐에서 꺼낸 가지 몸통 속에 ⑤를 넣어요.
7. 후추를 뿌려 마무리해요.

Whole Eggplant & Tuna Pasta

통가지 참치 파스타

파스타라는 서양 음식에 한국적인 맛을 담았어요. 요리책을 준비하면서 제일 먼저 만들었을 정도로 맛에 자신 있는 요리입니다. 듀럼밀 세몰리나로 만든 파스타는 건강한 탄수화물 중 하나에요. 파스타도 다이어트 식단에 좋은 메뉴인데, 화려해 보이는 모습과 달리 간단한 재료가 반전 매력이에요.

Ingredient

곤약면 100g, 검은깨 2스푼, 깨 1스푼, 두부 40g, 무가당 두유 100㎖, 100% 땅콩버터 3스푼, 삶은 계란 1개, 소금 1꼬집

Option 소금 또는 설탕 적당량

Recipe

1. 깨는 마른 프라이팬에서 타닥타닥 소리가 날 때까지 저어가며 볶아요.
2. 깨에서 타닥타닥 소리가 나면 불을 꺼요. 볼에 옮겨 담아 소금을 넣고 빻아요.
3. 믹서기에 두부, 무가당 두유, 깨, 땅콩버터를 넣고 갈아요.
4. 곤약면 위에 ③을 붓고 삶은 계란을 올려요.

   TIP. 취향에 따라 소금이나 설탕을 넣어 먹어요.

Black Sesame Noodles
흑임자 콩국수

고소한 깨와 두부의 만남. 집에서도 5분 안에 만들어 극강의 고소함을 맛볼 수 있어요. 콩국수에 소금을 넣을지, 설탕을 넣을지는 취향에 맞게 선택하세요. 두 가지 버전 모두 괜찮으니까요. 참고로 저는 소금파입니다.

Buckwheat Doenjang Soba

메밀 된장 소바

여름에 빠질 수 없는 메뉴인 메밀 소바를 한국식으로 만들었어요. 오래 끓이지 않아도 깊은 맛이 나는 다이어트 메뉴입니다. 한 가지 레시피로 차갑게 혹은 따뜻하게 먹을 수 있는 두 가지 매력을 가졌어요. 면만 삶으면 90% 완성이에요.

TIP. 메밀면 대신 다른 두꺼운 면을 넣어도 맛있어요.

Ingredient

메밀면 1줌(새끼손가락 굵기), 청경채 적당량, 삶은 계란 1개

Sauce 된장·칠리 페스토 1티스푼, 저염간장 2스푼, 참치액젓·굴소스·깨 1스푼, 다진 파 3스푼, 메밀면 삶은 물 1컵 (250㎖)

TIP. 칠리 페스토 대신 칠리 오일, 스리라차 소스, 저당 고추장, 고추 다대기를 넣어도 좋아요.

Recipe

1. 면과 청경채를 끓는 물에 넣고 5분 이내로 삶아요. 면수 1컵은 따로 빼두어요.
2. 파는 푸른 부분, 흰 부분 골고루 3스푼 정도 분량으로 다져 준비해요.
3. 저염간장, 굴소스, 참치액젓, 깨를 섞고 썰어둔 파와 섞어요.
4. ③에 된장, 칠리 페스토를 넣고 면수를 넣어요.

    TIP. ④를 냉장 또는 냉동 보관하면 냉모밀로 차갑게 즐길 수 있어요.

5. 메밀면, 청경채, 삶은 계란을 그릇에 담고 ④를 부어요.

    TIP. 원하는 토핑을 자유롭게 추가해 먹어요.

PART
6

배추 페스토 계란볶음

빅맥 타코

쌈굽 주먹밥

녹차 주먹밥

유부 김말이

토르티야 양배추 갈레트

접어 먹는 샌드위치

김치 치즈전

청포도 크림치즈 카나페

두 가지 크림치즈 스프레드

5분 만에 완성되는 스피드 요리

바쁜 현대인들에게는 직접 요리해서 챙겨먹는 일이 쉽지가 않아요. 요리할 시간은 물론 장 볼 시간도 없는 게 현실이지요. 집에 있는 재료로 빠르고 쉽게 뚝딱 만들어낼 수 있는 레시피를 소개할게요. 다이어터들이 집에 필수로 쟁여 놓는 다이어트 식재료를 최대한 활용해 보았어요.

Ingredient

배추 ⅛쪽, 계란 2개, 바질 페스토 1.5티스푼
TIP. 배추가 없으면 양배추나 다른 야채를 활용하세요.

Option 소금 1꼬집

Recipe

1. 배추는 깨끗이 씻어 먹기 좋은 크기로 잘라요.
2. 프라이팬에 오일을 살짝 두르고 배추의 숨이 죽을 정도로만 볶아요.
   TIP. 소금 1꼬집을 넣으면 더 쉽게 숨이 죽어요.
3. 배추의 숨이 죽으면 계란 넣을 구멍을 2군데 만들어주세요.
4. 바질 페스토를 두 구멍에 나눠 넣어요.
5. 계란을 각 구멍에 넣어요.
6. 계란의 흰자가 익을 때까지 중약불에서 뚜껑을 덮어 익혀요.

Stir-fried Cabbage with Egg Pesto

배추 페스토 계란볶음

해외에서 유행하는 페스토 에그의 허전함을 달짝지근한 배추를 곁들여 채웠어요. 페스토 자체에 이미 간이 되어 있어 특별한 간을 보충하지 않아도 되니 만들기가 매우 간단해요. 팬에서 요리한 채로 바로 먹으면 설거지도 적은 착한 요리입니다.

Big Mac Taco
빅맥 타코

원팬으로 만드는 요리라 간단하게 먹고 치울 수 있어 귀차니스트에게 아주 최적화된 레시피입니다. 다진 고기의 찰기로 통밀 토르티야에 찰싹 붙여 익히면 먹을 때 고기가 후두둑 떨어지지 않아요. 타코 요리지만 깔끔하게 먹을 수 있는 것도 큰 장점이에요.

TIP. 랩처럼 말아서 먹어도 좋고, 펼쳐서 먹어도 좋아요.

Ingredient

통밀 토르티야(지름 약 21㎝) 1장, 다진 고기 1줌, 소금 2꼬집, 양파·후추 약간, 모차렐라 치즈 2스푼, 샐러드 믹스 1줌

Sauce 노슈거 케첩·하프 마요네즈 적당량

Recipe

1. 다진 고기에 소금과 후추를 넣어 버무려요.
2. 통밀 토르티야에 ①을 넓고 얇게 펼쳐요.
3. 프라이팬에 오일을 약간 두르고 ②의 고기 면이 바닥에 닿도록 구워요.
4. ③을 강불에서 굽다가 어느 정도 고기가 익으면 약불로 줄여요.
5. 토르티야 면이 팬 바닥에 닿도록 뒤집고 치즈를 올려 약불로 구워요.
   TIP. 뚜껑을 덮고 구워야 속까지 잘 익고 치즈도 녹아요.
6. 다 구워지면 그릇에 옮겨 샐러드 믹스와 양파를 올리고 소스는 취향껏 뿌려요.

Baked Rice Ball
쌈굽 주먹밥

밥을 라이스페이퍼로 감싼 후 구워서 한 입에 먹는 쌈 주먹밥이에요. 겉은 바삭하고 속에 있는 여러 재료들이 한입 베어 물 때마다 즐거움을 줍니다. 라이스페이퍼로 단단히 싸면 속재료가 튀어나오지 않아 도시락으로 준비해도 좋아요.

Ingredient

라이스페이퍼 2장, 김밥용 김 ¼크기 2장, 현미밥 100g, 아보카도 ¼개, 참치 80g, 콘옥수수 3스푼
TIP. 마지막에 굽는 과정에서 주먹밥이 따뜻해지니 식은 밥으로 만들어도 좋아요.

Sauce 저염간장·참기름 1스푼, 굴소스 1티스푼

Recipe

1. 볼에 밥과 분량의 소스 재료, 참치, 콘옥수수를 넣고 섞어요.
2. 라이스페이퍼에 물을 적셔요.
3. ② 위에 김을 올려요.
4. ③에 ①을 올리고 아보카도도 적당량 올려요.
5. 라이스페이퍼를 좌우로 덮고 상하로 접어 단단히 감싸요.
6. 오일을 살짝 두른 프라이팬에서 노릇노릇해질 때까지 뒤집어가며 중약불로 구워요.

Ingredient

현미밥 120g, 참치 60g, 하프 마요네즈 1스푼, 가쓰오부시 4스푼, 할라피뇨 4~5조각, 녹차 가루 ½티스푼(약 2g)
TIP. 속에 들어가는 토핑은 자유롭게 선택해서 다양하게 만들어보세요.

Recipe

1. 밥과 녹차 가루를 섞어요.
2. 밥을 반만 손에 덜어 쥐고 뭉친 후 꽉꽉 눌러 펴주세요.
3. 가운데를 움푹 눌러요.
4. 기름기 쫙 뺀 참치와 하프 마요네즈를 넣고 할라피뇨도 다져 섞어요.
5. ③의 밥 가운데 ④를 넣어요.
6. 나머지 밥을 위에 덮어주고 꽉꽉 누르듯 손으로 굴려 동그랗게 만들어요.
7. 가쓰오부시가 담긴 그릇에 ⑥을 굴려가며 골고루 묻혀 완성해요.

Green Tea Rice Ball
녹차 주먹밥

쌉쌀한 녹차 가루를 밥에 섞고 속에는 고소하고 담백한 참치마요와 할라피뇨를 넣어 만든 주먹밥이에요. 한입 베어물고 씹을 때마다 반전의 매력이 느껴져요. 겉을 가쓰오부시에 굴려 만드는 고단백 레시피예요. 단 5분만 투자해도 쉽게 완성해서 먹을 수 있어요.

Ingredient

곤약면 100g, 유부 2장, 김밥용 김 1장, 라이스페이퍼 1장
Option 굴소스 적당량

Recipe

1. 김은 세로로 길게 사등분해요.
2. 유부는 반씩 잘라 총 4개를 만들어요.
3. 라이스페이퍼도 세로로 길게 사등분해요.
4. 곤약면을 김에 적당량 덜어 말아요.
    TIP. 곤약면을 굴소스에 버무리면 더 맛있어요.
5. ④를 유부로 말아요.
6. ⑤를 물에 적신 라이스페이퍼로 말아요.
7. 오일을 살짝 두른 프라이팬에 노릇노릇 구워요.

Fried Tofu Roll
유부 김말이

분식이 당기는 날 튀김옷을 입히거나 기름에 튀기지 않고도 즐길 수 있는 튀김이에요. 곤약면을 넣어 칼로리를 낮추었고, 유부를 말아 넣어 간을 하지 않아도 달큰하고 맛있어요. 비오는 날 전이나 튀김이 생각날 때 간편하고 부담 없는 튀김 어떠세요?

Tortilla Cabbage Galette

토르티야 양배추 갈레트

반죽할 필요 없이 프라이팬으로 5분 만에 완성이 가능한 레시피예요. 원하는 재료를 듬뿍 넣어 접으면 브런치 카페 메뉴 부럽지 않은 갈레트가 완성됩니다. 사방으로 감싸 터질 걱정 없는 원팬 레시피입니다.

Ingredient

통밀 토르티야(지름 약 21㎝) 1장, 계란 2개, 앞다리살 햄 2장, 채 썬 양배추 1줌, 소금 1꼬집

TIP. 스리라차 소스나 하프 마요네즈를 곁들이면 더 맛있어요.

Recipe

1. 채 썬 양배추에 계란 1개, 계란 흰자, 소금을 섞어요.
2. 오일을 살짝 두른 프라이팬에 ①을 중간불로 구워요.
3. 아직 계란물이 촉촉할 때 통밀 토르티야를 위에 덮어요.
4. 접시를 이용해 뒤집어 토르티야 면도 약불로 살짝 구워요.
5. 토르티야의 가장자리를 사방으로 접어 붙이듯 익혀요.
   TIP. 계란물이 덜 익어야 잘 붙어요.
6. ⑤의 가운데 노른자를 올리고 뚜껑을 덮어 1분간 익혀요.
7. 접시에 옮겨 담고 햄도 올려요.

Ingredient

통밀 토르티야(지름 약 21㎝) 1장, 계란 2개, 양상추 3~5장, 토마토 ⅓개, 슬라이스 치즈 2장, 참치 50g, 저지방 그릭 요거트 1스푼, 후추 약간

Recipe

1. 계란은 풀어서 준비해요.
2. 통밀 토르티야는 가운데 지점부터 아래 방향으로 절반 정도 잘라요.
3. 기름을 두른 프라이팬에 ①을 붓고 계란이 다 익기 전에 통밀 토르티야를 올려요.
4. 계란이 익으면서 통밀 토르티야와 서로 붙으면 꺼내어 ②와 같은 자리를 잘라요.
5. 토마토는 얇게 썰어요. 참치와 그릭 요거트, 후추는 한데 섞어요.
6. ④의 토르티야를 4구획으로 나누어 치즈와 양상추, ⑤를 각 구획에 올려요.
7. 한 구획씩 차례로 접어 ¼크기로 먹기 좋게 만들어요.

Folded Wrap Sandwich
접어 먹는 샌드위치

빵으로 샌드위치를 만들 때는 랩으로 감싸 속 재료가 흐르지 않도록 단단하게 해주는 과정이 추가되지만, 토르티야를 이용해 랩으로 만들면 다양한 재료를 한꺼번에 깔끔하게 넣을 수 있어요. 좋아하는 재료를 여러 개 넣어도 얇으면서 든든한 샌드위치가 만들어져요.

Kimchi Cheese Pancake

김치 치즈전

밀가루 없이 깔끔하고 맛있는 김치 치즈전이에요. 반죽할 필요 없이 그냥 프라이팬에서 휘리릭 만들어 먹을 수 있는 원팬 요리입니다. 간단한 재료로 만들었는데 풍부한 맛에 놀랄 준비 되었나요? 소스도 필요 없답니다.

Ingredient

라이스페이퍼 1장, 계란 2개, 시금치 1줌, 모차렐라 치즈 2스푼, 김치 3~4스푼, 올리브오일 1스푼

Recipe

1. 프라이팬에 올리브오일을 두르고 라이스페이퍼를 올려요.
2. ① 위에 계란을 깨서 올리고 노른자를 터뜨려 계란을 골고루 퍼뜨려요.
3. 반쪽 면에 시금치, 모차렐라 치즈, 김치를 올려요.
4. 반으로 접어 더 바싹 구워요.
5. 뒤집어서 반대편도 바싹 구워요.

Ingredient

청포도 5~6알, 크래커 또는 빵 2조각, 저지방 크림치즈 1.5
티스푼, 그릭 요거트 1스푼, 하프 마요네즈 ½티스푼, 소금
약간, 마늘 2톨, 슬라이스 치즈 1장
TIP. 치즈는 꼭 자연 치즈로 준비하세요.

Recipe

1. 볼에 저지방 크림치즈, 그릭 요거트, 하프 마요네즈를 넣고 섞어요.
2. 마늘은 잘게 으깨고 다져요.
3. 슬라이스 치즈는 얇고 길쭉하게 잘라요.
4. ①에 ②, ③을 넣고 섞어요.
5. 크래커나 빵 위에 ④를 바르고 반으로 자른 청포도를 올려요.
   TIP. 부드러운 빵 위에 발라서 핑거푸드처럼 먹으면 정말 맛있어요.

Cream Cheese
with Green Grape Canapé

청포도 크림치즈 카나페

체코에 살면서 경험한 충격적인 맛의 조합을 꼽으라면 이 메뉴를 들 수 있어요. 세상에는 내가 알지 못하는 맛있고 색다른 조합이 많다는 것을 확실히 느꼈어요. 입 안에서 다양한 맛이 느껴지는데, 그 조화로움은 직접 먹어본 사람만이 알 수 있어요. 자신 있게 추천하는 메뉴입니다.

Two-way Cream Cheese Spreads
두 가지 크림치즈 스프레드

저지방 크림치즈에 다양한 플레이버를 섞어 빵에 스윽스윽 발라먹어 보세요. 저녁에 미리 만들어두면 아침에 일어나 빵이나 크래커에 간단하게 발라먹을 수 있어요. 빠르고 간편하면서 맛까지 갖춘 바쁜 현대인을 위한 레시피입니다.

Ingredient

저지방 크림치즈 4스푼, 블루 치즈 5g, 닭가슴살 햄 2장, 호두 2알, 차이브 또는 쪽파 약간, 빵 또는 크래커 적당량

Option 꿀 ½티스푼

Recipe

1. 저지방 크림치즈를 2스푼씩 2개의 볼에 나누어 담아요.
2. 하나의 볼에 블루 치즈와 호두를 으깨어 넣어요.

   TIP. 꿀을 ½티스푼 정도 넣으면 단짠단짠 더 맛있어요.
3. 닭가슴살 햄과 차이브 또는 쪽파를 다져서 다른 볼에 넣어요.
4. 볼 안의 재료를 각각 잘 섞어서 빵 또는 크래커에 올려먹어요.

   TIP. 샌드위치에 스프레드처럼 발라서 사용해도 좋아요.

PART 7

인절미 땅콩강정
토르티야 애플파이
바나나 보트
바나나 인절미 샌드
바나나 피넛버터와 젤리 랩
베이글 갈릭버터칩
어묵 스낵
애플 커스터드 토스트
자몽 브륄레
크래커 티라미수
통째로 먹는 오트 애플파이
팥바나 양갱
황태 피넛버터볶음

먹어도 죄책감 없는 간식 & 디저트

다이어트할 때 정말 어려운 것은 간식을 참는 일이에요. 다이어트의 실패 요인 중 하나인 디저트를 죄책감 없이 즐길 수 있는 레시피를 소개할게요. 속세 간식 부럽지 않게 달콤함, 고소함, 짭조름함, 새콤함 등 다양한 맛이 다 담겨 있어요. 각자 취향에 맞게, 입맛에 맞게 응용해서 즐겨보세요.

Ingredient

현미 뻥튀기 과자(손바닥 크기) 2~3개, 100% 땅콩버터 1스푼, 메이플 시럽 1소주컵, 햄프시드·피스타치오·아몬드·호두·피칸·해바라기씨 또는 호박씨 1스푼, 인절미 가루 2스푼

Recipe

1. 뻥튀기 과자는 잘게 부숴요.
   TIP. 봉지 안에 넣고 단단한 것으로 내려치면 쉽고 깔끔하게 뻥튀기 과자를 부술 수 있어요.
2. 견과류는 잘게 다져요.
3. ①과 ②, 땅콩버터, 메이플 시럽을 큰 볼에 넣고 잘 섞어요.
4. 손에 물을 살짝 묻혀서 ③을 먹기 좋은 크기로 뭉쳐요.
5. 한입 크기로 뭉쳐진 볼은 인절미 가루에 굴려주세요.
   TIP. 인절미 가루를 묻히기 전에 얼리면 냉동해서 보관할 수 있어요. 한꺼번에 만들어 두었다가 먹을 때마다 꺼내서 인절미 가루를 묻히면 돼요.

Injeolmi Peanut Gangjeong
인절미 땅콩강정

할매 입맛이라고 하는 것들 중 대표주자는 인절미 아닌가 싶은데요. 텁텁하지만 고소하고 짭조름한 콩고물은 정말 매력적입니다. 인절미 가루를 이용해 할매 입맛을 사로잡을 다이어트 간식을 소개합니다. 이 레시피를 응용해서 인절미 가루 대신 프로틴 가루로 만들면 프로틴볼로 변신하는 센스만점 메뉴입니다.

Tortilla Apple Pie

토르티야 애플파이

계량이 필요 없는 파이 레시피를 알려드릴게요. 통밀 토르티야로 만들어 건강하게 즐길 수 있는 초간단 디저트예요. 요거트와 곁들인다면 속세의 애플파이 맛을 느낄 수 있어요. 뜨겁게 먹어도 차게 먹어도 맛있습니다.

Ingredient

통밀 토르티야(지름 약 21㎝) 1장, 사과 1개, 레몬즙 1스푼, 시나몬 파우더 약간, 그릭 요거트 1스쿱(4스푼)

Option 메이플 시럽 1스푼, 호두 약간

Recipe

1. 사과를 얇게 썰어요.
2. 오븐 용기에 통밀 토르티야를 깔고 사과 슬라이스를 가지런히 올려요.
3. 사과를 덮는 느낌으로 통밀 토르티야를 접어요.
4. 사과 위에 레몬즙을 뿌리고 시나몬 파우더를 올려 170℃로 예열한 오븐에 20분(에어프라이어 160℃로 예열 후 16분) 구워요.
   TIP. 레몬즙을 뿌린 후 전자레인지에 1~2분 돌린 후 만들면 시간이 절약돼요.
5. 그릭 요거트를 곁들여 먹어요.
   TIP. 단맛이 필요하면 메이플 시럽을 뿌리고 호두를 토핑해요.

Ingredient

통밀 토르티야(지름 약 21㎝) 1장, 잘 익은 바나나 ½개, 그릭 요거트 1스쿱(4스푼)

Option 노슈거 크래커·견과류 적당량, 메이플 시럽 ⅓소주컵

Recipe

1. 통밀 토르티야를 작고 동그랗게 3~4개 정도 잘라 준비해요.
   TIP. 입구가 동그란 그릇이나 컵으로 찍어내면 쉬워요.
2. ①을 타코쉘 형태로 잡아 150℃로 예열한 오븐에 10분 구워 한 김 식혀요.
   TIP. 모양을 잡을 때 뒤집은 머핀 틀이나 밥그릇 등을 이용하세요. 오븐 대신 전자레인지로 만들 경우 종이컵에 말아 넣고 1분 돌리고, 다시 1분 돌린 후 한 김 식혀요.
3. 바나나는 얇게 썬 뒤 프라이팬에 구워요.
   TIP. 토치를 이용해도 좋아요.
4. ② 속에 그릭 요거트를 채우고 ③을 올려요.
5. 견과류, 노슈거 크래커 등으로 토핑하고 좋아하는 시럽을 뿌려 먹어요.

Banana Boat
바나나 보트

바나나를 구우면 더 달고 맛있어져요. 통밀 토르티야를 바삭하게 구워서 캐러멜라이징이 된 바나나와 꾸덕꾸덕한 그릭 요거트를 곁들여 먹으면 상상을 초월하는 맛에 깜짝 놀랄 거예요.

Ingredient

잘 익은 바나나 1개, 그릭 요거트 1스쿱(4스푼), 리코타 치즈·인절미 가루 2스푼, 통밀 식빵 2장

Option 견과류 적당량, 메이플 시럽 1.5티스푼

Recipe

1   바나나는 덩어리가 느껴질 정도로 살짝 으깨요.

2   바나나를 으깬 볼에 그릭 요거트, 인절미 가루, 리코타 치즈를 넣고 섞어요.

3   통밀 식빵 위에 ②를 올려요.

4   나머지 통밀 식빵으로 ③을 덮고 눌러 굽는 팬에 살짝 구워요.

   TIP. 프라이팬, 와플기, 파니니팬 모두 가능해요. 너무 세게 누르면 속재료가 튀어나올 수 있어요.

5   기호에 따라 견과류와 메이플 시럽을 뿌려요.

   TIP. 살짝 얼려 먹으면 또 다른 매력을 느낄 수 있어요.

Banana Injeolmi Sand
바나나 인절미 샌드

오븐을 사용하지 않고 집에서 간단하게 디저트를 만들어보세요. 바나나의 단맛에 인절미의 고소한 맛을 더한 디저트 메뉴를 소개할게요. 바나나와 인절미 맛의 조합이 카페에서 파는 근사한 케이크 부럽지 않아요. 건강은 물론 맛과 포만감까지 충족시키는 레시피입니다.

Peanut Butter & Jelly Wrap with Banana

바나나 피넛버터와 젤리 랩

외국에서는 땅콩버터와 라즈베리잼의 조합이 유명해요. 이 조합으로 완벽한 디저트를 만들어 보았어요. 토르티야에 바나나와 첨가물이 없는 100% 땅콩버터, 무설탕 라즈베리잼을 넣고 감싸 맛도 좋고 먹기도 편한 스낵 랩을 완성했어요.

Ingredient

통밀 토르티야(지름 약 21㎝) 1장, 잘 익은 바나나 1개, 100% 땅콩버터 1.5스푼, 무설탕 라즈베리잼 1스푼

Recipe

1. 통밀 토르티야 가운데를 기준으로 위쪽에 땅콩버터를 발라요.
    TIP. 토르티야 대신 빵을 활용해도 좋고, 빵 없이 바나나만 구워도 맛있어요.
2. 땅콩버터 아래에 라즈베리잼을 발라요.
3. 바나나를 반으로 자른 뒤 땅콩버터와 라즈베리잼 위에 올려요.
    TIP. 바나나 없이 빵과 땅콩버터, 라즈베리잼 세 개의 조합도 좋아요.
4. 바나나를 감싸듯 통밀 토르티야를 접어요.
5. 눌러 굽는 팬에 구워서 완성해요.
    TIP. 프라이팬에서 납작한 용기로 눌러 구워도 돼요. 굽지 않고 그냥 먹어도 괜찮아요.

Bagel Garlic Butter Chip

베이글 갈릭버터칩

베이글은 빵 종류 중에서도 성분이 좋은 빵이에요. 먹다 남은 베이글이 있다면 궁합이 좋은 버터와 마늘을 활용해 간단하고 맛있는 간식을 만들어보세요. 베이글 대신 식빵 테두리를 이용해도 좋아요.

Ingredient

베이글 ½개, 기버터 1.5스푼, 마늘 1톨, 그라나파다노 치즈 가루 1티스푼, 파슬리 약간

Option 꿀 ½티스푼

Recipe

1   베이글을 얇게 썰어요.

2   기버터는 전자레인지에서 30초 정도 돌려 녹여요.

3   마늘은 다져서 준비해요.

4   ②에 ③, 그라나파다노 치즈 가루, 파슬리를 넣고 섞어요.

5   ④를 베이글의 단면에 골고루 발라요.

6   160℃로 예열한 오븐에 15분(에어프라이어 150℃로 예열 후 10분) 구워요.

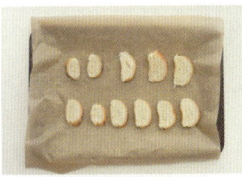  

Fish Cake Snack
어묵 스낵

입이 심심할 때 먹기 좋은 건강한 과자를 소개할게요. 기름기를 쫙 빼서 담백하고 고소하고 바삭한 어묵 스낵은 아이들 간식으로도 좋고 어른들 술안주로도 손색이 없어요. 얇은 어묵이나 두꺼운 어묵 상관없이 활용할 수 있어요.

Ingredient

두꺼운 꼬치 어묵 150g

Recipe

1 어묵을 물에 10분 정도 담가요.
  TIP. 이 과정에서 기름기와 짠기가 빠져요.
2 어묵 가운데 칼집을 내고 위로 한 바퀴, 아래로 한 바퀴 감아요.
3 170℃로 예열한 오븐에 18분(에어프라이어 160℃로 예열 후 15분) 구워요.
4 한 김 식혀 바삭하게 먹어요.

Ingredient

사과 ½개, 통밀 식빵 2장, 계란 1개, 그릭 요거트 2스푼, 메이플 시럽 1스푼

Option 시나몬 파우더·견과류 적당량

Recipe

1. 사과는 얇게 썰어요.
2. 통밀 식빵의 테두리를 제외하고 꾹꾹 눌러요.
3. 계란과 그릭 요거트, 메이플 시럽을 섞어요.
4. 식빵을 누른 부분에 ③을 넣어요.
5. 슬라이스한 사과를 ④ 위에 가지런히 올려요.
6. 180℃로 예열한 오븐에 15분(에어프라이어 170℃로 예열 후 12분) 구워요.
7. 취향에 따라 시나몬 파우더와 견과류를 뿌려요.

Apple Custard Toast

애플 커스터드 토스트

건강한 재료를 사용한 커스터드 크림에 사과와 시나몬을 곁들여 상큼하고 맛있는 디저트를 만들었어요. 사과, 시나몬, 커스터드가 만나면 무적의 조합인데, 여기에 꿀과 견과류까지 더하면 정말 맛있는 디저트가 됩니다.

Ingredient

자몽 ½개, 몽크푸르트(나한과) 1.5스푼, 그릭 요거트 1스쿱 (4스푼), 올리브오일 1스푼, 소금·후추 1꼬집

Recipe

1. 자몽을 반으로 잘라요.
2. 자몽의 과육을 껍질과 분리해요.
   TIP. 칼과 숟가락을 이용해요.
3. 자몽의 단면에 몽크푸르트를 골고루 뿌려요.
   TIP. 코코넛 설탕, 알룰로스 가루 타입, 황설탕 등으로 대체할 수 있어요.
4. 토치로 ③을 태우듯 녹여요.
   TIP. 토치가 없다면 몽크푸르프 대신 메이플 시럽, 데이츠 시럽 등 액체 당류를 뿌려요.
5. 그릭 요거트를 올리고 올리브오일, 소금, 후추를 뿌려요.

Grapefruit Brûlée
자몽 브륄레

술집 사장님께서 후식으로 주셨던 자몽 디저트를 잊지 못해 집에서 만들어봤어요. 비정제 설탕으로 만들어 더욱 건강하고 자몽의 달콤쌉싸름함이 너무나 매력적인 초간단 디저트예요.

Cracker Tiramisu
크래커 티라미수

커피와 곁들이기 좋은 간식 티라미수를 만들어보세요. 저탄수, 저당 크리스피 크래커로 만들어 칼로리를 낮췄어요. 만드는 시간이 먹는 시간보다 짧게 걸리니 안 해먹을 이유가 없겠죠?

Ingredient

저탄수 크래커 3장, 에스프레소 1잔, 무지방 플레인 요거트 5스푼, 메이플 시럽 2스푼, 무가당 카카오 파우더 ½티스푼

Recipe

1. 저탄수 크래커를 손으로 부수거나 칼로 잘라요.
2. 에스프레소에 메이플 시럽을 섞어요.
   TIP. 커피를 못 마시면 에스프레소 대신 무가당 카카오 파우더를 물에 녹여 사용해요.
3. 저탄수 크래커 위에 ②를 1~2스푼 넣어 적셔요.
4. ③ 위에 플레인 요거트를 올려요.
5. ③, ④를 2번 반복해요.
6. 제일 위 플레인 요거트에 카카오 파우더를 뿌려 완성해요.
   TIP. 냉장고에서 차갑게 식혀 먹어도 맛있어요.

Baked Oat Apple Pie

통째로 먹는 오트 애플파이

사과 속에 오트밀을 넣어 통째로 먹을 수 있는 오트밀 레시피입니다. 사과가 오트밀을 담은 그릇이 되어 재미있고 맛있게 즐길 수 있어요. 귀찮은 설거짓거리 걱정도 없는 똑똑한 디저트입니다.

Ingredient

오트밀 2스푼, 사과 1개, 시나몬 파우더 약간, 그릭 요거트 1스쿱(4스푼), 메이플 시럽 1스푼
TIP. 오나오(P.022)를 넣어도 좋아요.

Option 레몬즙 1티스푼, 견과류 적당량

Recipe

1. 사과는 꼭지에서 2㎝ 부분까지 가로로 자르고 사과의 아랫부분은 겉 두께 1㎝ 가량만 남겨두고 칼로 칼집을 내어 숟가락으로 파내요.
2. 파낸 속의 씨앗 부분은 제거하고 나머지는 잘게 썰어요.
3. 오트밀과 시나몬 파우더, ②, 메이플 시럽을 섞어요.
   TIP. 레몬즙 1티스푼과 견과류를 추가해도 좋아요.
4. 사과 속에 ③을 채워 넣고, 180℃로 예열한 오븐에 20분(에어프라이어 170℃로 예열 후 16분) 구워요.
   TIP. 사과에 오일을 살짝 바르면 색이 더 예쁘게 구워져요.
5. 그릭 요거트를 곁들여 먹어요.

White Bean Paste & Banana Jelly
팥나나 양갱

저당 팥과 달콤한 바나나로 양갱을 만든다면? 젤라틴 대신 한천가루를 사용하여 누구나 쉽게 건강한 간식을 만들 수 있어요. 바나나를 넣지 않고 팥 양갱으로 만들어도 좋아요. 양갱은 만든 당일에 바로 드세요.

Ingredient

저당 팥앙금 3스푼, 바나나 1개, 한천가루 4g, 무가당 아몬드 우유 100㎖, 몽크프루트 1스푼
TIP. 몽크프루트 대신 알룰로스, 꿀, 비정제 설탕 등으로 대체해도 좋아요.

Recipe

1. 바나나를 세로로 길게 반으로 잘라요.
2. 자른 바나나 한쪽은 가로로 반을 자르고, 잘린 단면이 용기 바닥에 닿도록 놓아요.
3. 남은 바나나는 아몬드 우유, 팥앙금과 함께 믹서기에 넣고 갈아요.
   TIP. 포크로 으깨도 좋아요.
4. 냄비에 ③을 넣고 팔팔 끓으면 중불로 줄여 몽크프루트와 한천가루를 넣고 저어요.
   TIP. 1분 정도 저으면 가루가 다 녹아요.
5. ②에 ④를 부어 윗면을 평평하게 만들어요.
6. 랩 등으로 덮고 냉장고에서 최소 3시간 굳혀 완성해요.

Stir-fried Dried Pollack with Peanut Butter Sauce

황태 피넛버터볶음

다이어트의 방해꾼 중 하나는 술과 함께 먹는 안주인데요. 저는 술을 마시기 위해 다이어트한다고 말할 수 있을 정도로 술과 안주를 좋아해요. 저와 비슷한 성향의 사람들에게 강력 추천하는 안주 레시피를 공개할게요. 황태 피넛버터볶음은 그냥 먹어도 맛있고, 술과 함께 죄책감 없이 먹기도 좋아요. 한가득 만들어 밑반찬으로 활용해도 손색없어요. 그리고 황태에는 엄청난 단백질이 들어있어요.

Ingredient

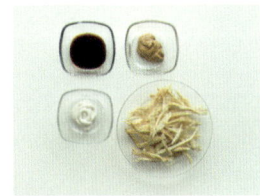

황태채 1줌 가득, 100% 땅콩버터·하프 마요네즈·물 1스푼, 저염간장 2스푼, 깨 약간

Recipe

1. 황태채를 먹기 좋은 크기로 찢어 준비해요.
2. 황태채를 물에 30분 정도 불려요.
   TIP. 이 과정은 생략해도 돼요.
3. 황태채에 하프 마요네즈를 넣고 버무려요.
4. ③에 땅콩버터와 저염간장, 물을 넣고 버무려요.
5. ④를 프라이팬에 넣고 중약불에서 굽다가 황태채 크기가 줄어들고 수분이 날아가기 시작하면 약불로 줄여요.
   TIP. 약불에서 구워야 타지 않아요. 타지 않도록 불 조절에 신경쓰세요.

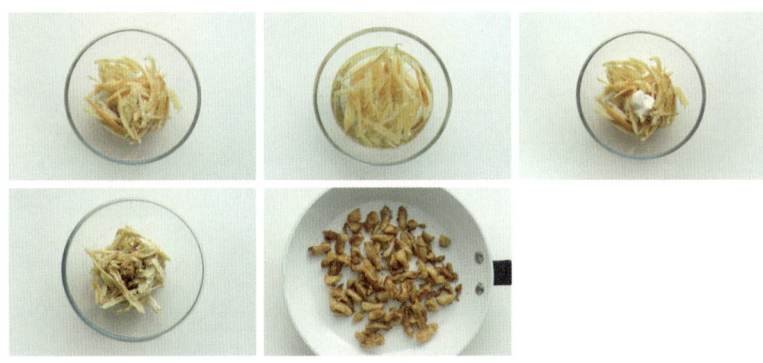

PART
8

계란 만두
렌틸콩 플레이트
해물 순두부 바질 크림스튜
배추 만두전
셀러리 닭구이
시금치 새우 크레페
연어 바이트
오징어 묵은지 살사
호박 샥슈카

운동할 때 먹으면 더 좋은 맛있는 단백질 요리

단백질은 근육을 생성하는 필수 영양소이지만, 단백질을 먹는다고 살이 빠지는 것은 아니에요. 몸에 좋은 단백질도 많이 먹으면 결국 살이 찌겠지요. 그러니 자신의 대사량과 운동량에 맞게 단백질을 잘 챙겨먹는 습관을 가지는 것이 중요해요. 단백질을 맛있게 섭취할 수 있도록 도와주는 레시피를 소개할게요.

Egg Dumpling
계란 만두

대학교 시절 부산에서 자취를 했어요. 당시 서동시장에서 즐겨 먹던 음식이 가끔 생각나요. 당면만 넣은 계란 만두를 떡볶이 국물에 적셔 먹던 메뉴인데, 별거 아닌 것 같으면서 그 시절을 생각하면 제일 먼저 떠오르는 음식이에요. 당면을 곤약면으로 대체하고, 떡볶이 국물 대신 스리라차 소스를 이용해 칼로리는 낮추고 단백질을 지켜 그 메뉴를 재현했어요.

Ingredient

계란 2개, 곤약면 100g, 콘옥수수 3스푼, 소금 1꼬집

Option 모차렐라 치즈 적당량

Recipe

1. 계란을 풀어 준비해요.
2. 계란물에 곤약면과 콘옥수수, 소금을 넣고 섞어요.
   TIP. 기호에 따라 치즈를 추가하세요. 속에 넣는 재료가 식감에 재미를 더해줘요.
3. 오일을 살짝 두른 프라이팬에 ②를 적당한 크기로 펼쳐 여러 장 부쳐요.
   TIP. 작게 부치기 힘들면 하나로 크게 만들어요.
4. 중약불로 은근히 익히다가 반으로 접어 만두 모양으로 완성해요.

Lentil Plate
렌틸콩 플레이트

렌틸콩은 콩 중에서도 단백질 함량이 높은 편이며, 섬유질도 풍부해 변비에도 좋아요. 유럽에서 즐겨먹는 부드럽고 고소한 렌틸콩 레시피를 소개해 드릴게요. 간단한 플레이트지만 먹고 나면 다음 끼니까지 든든한 포만감에 깜짝 놀랄 거예요.

Ingredient

렌틸콩 ½컵, 물 1컵, 다진 마늘·기버터 1티스푼, 다진 양파 2스푼, 계란·닭가슴살 소시지 1개, 레몬즙 약간, 소금 1꼬집

Recipe

1. 렌틸콩은 최소 3시간 이상 불려 두었다가 8~10분 정도 삶아요.
   TIP. 물의 양은 콩 양의 2배 정도가 적당해요.
2. 프라이팬에 기버터를 올리고 다진 마늘을 볶다가 마늘 향이 올라오면 다진 양파를 넣어 함께 볶아요.
3. ②에 삶은 렌틸콩을 넣어 같이 볶다가 중약불로 줄이고 물을 넣어 졸여요.
4. 계란은 취향에 따라 완숙이나 반숙으로 삶거나 프라이로 준비해요.
5. 닭가슴살 소시지는 칼집을 내서 살짝 데치거나 구워요.
6. 플레이트에 렌틸콩, 닭가슴살 소시지, 계란을 올려 먹어요.

Ingredient

해산물 믹스 130g, 순두부 7스푼, 바질 페스토·레몬즙 1스푼, 무가당 두유 120㎖, 마늘 1톨, 올리브오일 1.5스푼

Option 오트밀 적당량

Recipe

1. 두유와 순두부 4스푼을 믹서기에 넣고 갈아요.
2. 마늘은 다져서 올리브오일을 두른 프라이팬에 볶아요.
3. 마늘 향이 올라오면 해산물 믹스를 넣고 볶아요. (1분 정도)
4. ③의 프라이팬에 ①을 부어요.
5. ④에 바질 페스토와 레몬즙을 넣고 잘 섞어요.
6. ⑤에 남은 순두부 3스푼을 넣어요.
7. 보글보글 끓으면 불을 꺼서 완성해요.

TIP. 보다 든든하게 즐기고 싶으면 오트밀을 함께 넣고 끓여요.

Seafood & Soft Tofu Basil Cream Stew

해물 순두부 바질 크림스튜

가끔 속이 뜨끈해지는 요리가 먹고 싶을 때가 있어요. 탕이나 국은 아무래도 만드는 데 시간이 많이 걸리고 밥 없이 먹으면 허전한 느낌이 드는데, 이 크림스튜는 단품으로 먹어도 속이 든든하고 뜨끈해져요. 먹고 나서 속이 편한 것도 장점이에요.

Cabbage Dumpling Pancake
배추 만두전

밀가루 피가 아닌 배춧잎에 고기와 두부소를 넣고 돌돌 말아 계란물을 입혀 풀리지 않게 만들었어요. 배추나 양배추로 고기 등을 감싸 쪄서 먹는 레시피를 많이 따라해 보았는데, 꼼꼼히 만들지 않으면 풀려서 속이 다 흐트러지거나 빠져나와 불편했어요. 이를 보완한 레시피입니다. 기존 레시피를 달리 생각하면 새로운 메뉴가 만들어져요.

Ingredient

배춧잎 5장, 다진 고기 100g, 소금 2꼬집, 후추 약간, 두부 80g, 그라나파다노 치즈 가루 1스푼, 계란 1개
TIP. 배춧잎은 커다란 겉잎을 사용하면 좋아요.

Sauce 스리라차 소스 또는 저염간장·식초·물·고춧가루·참기름 1스푼, 깨 적당량

Recipe

1. 배춧잎은 전자레인지에 2분 정도 돌리거나 뜨거운 물에 데쳐 준비해요.
2. 두부를 으깨서 다진 고기와 그라나파다노 치즈 가루, 후추, 소금 1꼬집을 섞어요.
3. 배춧잎 흰 부분에 ②를 적당량 덜어 놓고 돌돌 말아 노란잎 부분으로 감싸요.
4. 계란에 소금 1꼬집을 넣어 풀고, ③을 계란물에 적셔요.
5. 중약불에서 노릇하게 구워 완성해요.

TIP. 분량의 재료를 섞어 만든 소스를 찍어 먹어도 맛있고, 그냥 먹어도 맛있어요.

Grilled Celery & Chicken
셀러리 닭구이

셀러리는 생으로 먹는 것보다 구워먹는 게 몸에 더 좋다고 해요. 셀러리를 구우면 아삭함은 그대로 살고 향이 더 진해져서 또 다른 느낌으로 먹을 수 있어요. 구운 셀러리는 상큼한 요거트 소스와 참 잘 어울려요. 또한 먹어도 칼로리 부담이 없어서 다이어트 재료로 제격이에요.

Ingredient

셀러리 ½쪽, 아보카도오일 1스푼, 닭고기 크게 1조각, 소금 1꼬집
TIP. 닭고기의 부위는 취향대로 선택해요.

Sauce 무지방 플레인 요거트 2스푼, 마늘 1톨, 레몬즙 1티스푼, 차이브 또는 쪽파 약간, 소금 1꼬집

Recipe

1   닭고기에 아보카도오일을 바르고 소금을 뿌려 프라이팬에 노릇하게 구워요.
      TIP. 닭고기의 간은 소금과 후추로만 해요.

2   셀러리는 세로로 길게 반으로 잘라요.

3   닭고기를 구운 프라이팬에 셀러리를 구워요.

4   마늘, 차이브 또는 쪽파는 다져서 플레인 요거트, 레몬즙, 소금과 잘 섞어요.

5   구운 셀러리, 닭고기 위에 ④의 소스를 올려요.

Ingredient

시금치 40~45g, 계란 2개, 새우(작은 사이즈) 10~15마리, 저지방 크림치즈 1티스푼, 샐러드 믹스 1줌

Option 레몬즙 적당량

TIP. 새우를 데칠 때 레몬즙을 넣으면 비린내가 없어져요.

Recipe

1. 시금치는 깨끗이 씻어 물기를 제거해요.
2. 새우는 끓는 물에 데쳐요.
3. 시금치와 계란을 믹서기에 넣고 거품이 나지 않을 정도까지 갈아요.
4. 예열된 프라이팬에 ③의 반죽을 1.5국자 정도 올려요.
5. 프라이팬의 손잡이를 돌려가며 반죽을 골고루 펼치고 약불에서 은근히 익혀요.
   TIP. 약불에서 익혀야 초록색이 예쁘게 만들어져요.
6. 반죽이 익어서 가장자리가 들리고 반죽색이 전체적으로 진해지면 접시를 이용해 뒤집어서 반대쪽도 약불에서 익혀요.
7. 완성된 크레페 위에 크림치즈를 바르고, 샐러드 믹스와 새우를 올려 완성해요.

Spinach with Shrimp Crepe

시금치 새우 크레페

단 두 개의 메인 재료로 만드는 시금치 새우 크레페입니다. 밀가루를 넣지 않아 먹은 뒤에 속이 더부룩하지 않고 편해요. 시금치와 샐러드의 초록색이 주는 건강하고 싱그러움에 새우를 곁들여 한층 더 생기가 있어요. 저탄고지 다이어트를 할 때 활용하기 좋은 레시피입니다.

Ingredient

연어 100g, 시리얼 바 2개, 계란 1개, 요거트 2스푼, 마늘 가루·파프리카 가루 ⅓티스푼, 소금 2꼬집

Sauce 마늘 2톨, 저염간장 2스푼, 물·꿀 1스푼

Recipe

1. 연어를 먹기 좋은 크기로 자르고 시리얼 바는 봉지에 넣어 부숴요.
2. 계란을 풀어 요거트, 마늘 가루, 파프리카 가루, 소금을 넣고 잘 섞어요.
3. 연어를 ②의 반죽에 넣고 묻혀요.
4. ③의 연어를 ①의 봉지 안에 넣어 골고루 묻혀요.
5. 185℃로 예열한 오븐에 18분(에어프라이어 170℃로 예열 후 15분) 구워요.
   TIP. 연어 자체의 기름기 때문에 오일 없이도 잘 구워져요.
6. 마늘을 다져서 저염간장, 물, 꿀과 함께 프라이팬에 넣고 끓여 소스를 만들어요.
7. 연어가 다 구워지면 소스가 담긴 ⑥의 팬에 넣고 빠르고 조심스럽게 굴려요.
   TIP. 소스가 빨리 흡수되니, 소스가 묻으면 바로 굴려 다른 쪽에도 소스를 묻혀요.

Salmon Bite
연어 바이트

연어를 먹는 방법은 무궁무진합니다. 생으로도 먹고 구워서도 먹고, 파피요트로 쪄먹기도 해요. 이번에는 밀가루 없이 시리얼로 옷을 입힌 뒤 오븐에 담백하게 구워볼게요. 연어 자체에서 기름기가 나오기 때문에 따로 기름에 튀지지 않아도 바삭하게 만들어져요. 식어도 맛있어요.

Squid & Kimchi Salsa

오징어 묵은지 살사

집 나간 입맛도 돌아올 만한 맛있는 레시피입니다. 다이어트 음식은 그저 밍숭맹숭할 것이라고 생각하지만 이 메뉴는 달라요. 5분 만에 완성되고 맵단짠이 한번에 느껴지는 친근한 맛이랍니다. 빵이나 크래커에 곁들여 간단하게 먹거나 손님 초대 요리로도 좋은 메뉴입니다.

Ingredient

오징어 또는 한치 100g (한치 10~12마리), 다진 묵은지 ⅓컵, 콘옥수수 3스푼, 오이 ⅙개, 토마토 1개, 딜 약간
TIP. 묵은지가 없으면 신김치로 대체해요.

Sauce 고춧가루·피시소스·김칫국물 1스푼, 레몬즙 1티스푼, 올리브오일 3스푼

Option 크래커 또는 빵 적당량

Recipe

1. 오징어는 끓는 물에 5분 내로 데쳐 준비해요.
2. 데친 오징어는 찬물에 씻은 뒤 먹기 좋은 크기로 잘라요.
3. 토마토, 오이는 깍둑 썰어요.
4. 묵은지는 먹기 좋은 적당한 크기로 잘게 잘라 살짝 씻고 물기를 짜내요.
   TIP. 너무 깨끗이 씻을 필요는 없지만 물기는 꼭 짜주세요.
5. 오징어, 토마토, 오이, 묵은지, 콘옥수수, 딜을 함께 섞어요.
6. 분량의 소스 재료를 섞어 소스를 만들고 ⑤에 넣고 섞어 완성해요.
   TIP. 크래커나 빵에 곁들여 먹어요.

Pumpkin Shakshuka

호박 샥슈카

에그인헬이라고도 부르는 샥슈카의 영양성분을 보면 정말이지 완벽한 탄단지 식단용 메뉴예요. 기존의 만드는 방법을 응용해 더 간단하게 만들 수 있고, 식감까지 높인 레시피를 개발했어요. 빠르게 만들 수 있고, 먹을 때 포만감은 물론 씹는 재미까지 더해지고, 조리한 그릇 그대로 먹고 치울 수 있어 설거짓거리까지 줄여주는 원팬 요리입니다.

Ingredient

단호박 100g, 토마토 1개, 계란 2개, 노슈거 베이크드 빈스 4~5스푼, 소금 1꼬집

Option 스리라차 소스 또는 마라 소스 1스푼

Recipe

1   단호박은 껍질째로 깨끗이 씻고 토마토는 깍둑 썰어요.
    TIP. 전자레인지에 단호박을 2분 정도 익히면 조리 시간이 단축돼요.

2   오븐용 용기 또는 프라이팬에 토마토, 베이크드 빈스를 넣고 섞어요.
    TIP. 매운 것을 좋아하면 스리라차 소스나 마라 소스를 1스푼 정도 추가해요.

3   계란 2개를 넣을 공간을 만들어 계란을 넣고, 소금을 뿌려요.

4   단호박은 계란 옆에 예쁘게 올려요.

5   200℃로 예열한 오븐에 15분 구워 완성해요.
    TIP. 프라이팬 조리 시 ②번 과정에서 끓이다가 바글바글 끓으면 계란과 단호박을 넣고 뚜껑을 덮은 뒤 약불에서 계란 흰자가 익을 때까지 더 끓여 완성해요.

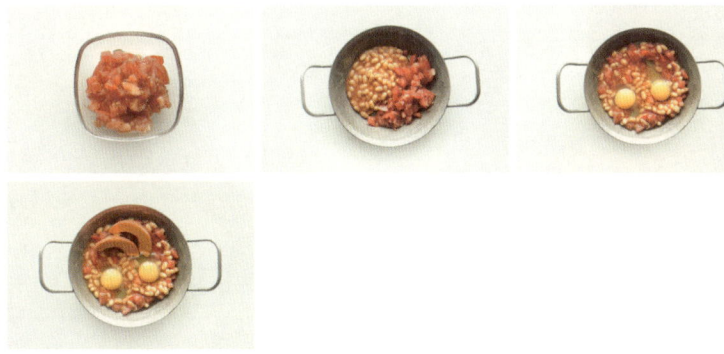

PART
9

당근 크림치즈 팬케이크

꿀 그릭 요거트볼

그릭 토마토

2분 초코빵

애플 브리 랩

바나나 시리얼 떠먹케

블루베리 바나나 오트 셰이크

쑥인절미 견과 오트 라테

호박 그래놀라

흑임자 오나오 라테

하루가 든든해지는 아침 식사

몸에 좋은 음식으로 하루 삼시 세끼를 규칙적으로 챙겨 먹는 것이 건강한 식습관의 기본입니다. 특히 아침을 든든하게 잘 챙겨 먹어야 합리화나 과식 없이 점심, 저녁까지 버틸 수 있어요. 몰아서 먹는다고 영양분이 한꺼번에 다 흡수되지 않아요. 건강한 다이어트의 첫걸음으로 건강한 아침식사부터 실천해보세요.

Carrot Cream Cheese Pancake

당근 크림치즈 팬케이크

케이크 중에서 가장 좋아하는 당근 크림치즈 케이크를 보다 건강한 버전으로 만들었어요. 오트밀을 넣어 몸에도 좋고 만드는 방법도 간편한 팬케이크예요. 시나몬과 요거트가 케이크의 맛을 더 높여줘서 당근의 식감과 맛을 좋아하지 않는 사람도 충분히 즐길 수 있어요.

Ingredient

당근 ⅓개, 오트밀 가루 45g, 저지방 크림치즈 2스푼, 시나몬 파우더 ½티스푼, 계란 1개, 무가당 아몬드 우유 30㎖, 소금 1꼬집, 아보카도오일 1스푼

Topping 호두·꿀·플레인 요거트 또는 그릭 요거트·저지방 크림치즈 적당량

Recipe

1. 당근은 채칼을 이용해 아주 가늘고 얇게 썰어요.
2. 오트밀 가루, 저지방 크림치즈, 시나몬 파우더, 계란, 아몬드 우유, 소금을 볼에 넣어요.
3. ①의 물기를 꼭 짜서 ②에 넣고 섞어요.
4. 예열된 프라이팬에 아보카도오일을 살짝 둘러요.
5. 원하는 크기로 ③의 반죽을 여러 장 구워요.
6. ⑤를 한 장씩 쌓고 제일 위에 토핑을 올려 완성해요.

Ingredient

귤 1개, 그릭 요거트 4스푼, 올리브오일 2스푼, 소금 1꼬집, 후추 약간

TIP. 엑스트라 버진 올리브오일을 사용하세요.

Recipe

1. 귤은 속껍질을 까서 그릇에 담아요.
2. 귤 옆에 그릭 요거트를 올려요.
3. 올리브오일, 소금, 후추를 뿌려요.

Mandarine
Greek Yogurt-Bowl

귤 그릭 요거트볼

귤을 그냥 껍질만 까서 먹어왔다면 이 레시피를 주목하세요. 껍질만 까서 먹었던 지난날을 되돌아보게 할 레시피예요. 그저 과일이었던 귤이 근사한 요리의 재료로 탄생하는 순간입니다.

Greek Tomatoes
그릭 토마토

그릭 모모가 달콤하다면 그릭 토마토는 상큼하고 오묘한 매력이 있어요. 올리브오일과 소금, 후추가 토마토의 맛을 한껏 더 살려주고 그릭 요거트와 잘 어우러지게 도와줘요. 한 번도 안 먹어본 사람은 있어도 한 번만 먹어 본 사람은 없는 메뉴입니다.

Ingredient

그릭 요거트 2스푼, 방울토마토 6~8개, 올리브오일 1스푼, 소금 1꼬집, 통후추 약간
TIP. 엑스트라 버진 올리브오일을 사용하세요.

Option 타임 또는 로즈마리 약간

Recipe

1. 방울토마토의 꼭지 부분 반대편을 십자로 깊게 칼집을 내요.
2. ①의 칼집 부분을 살짝 벌려 그릭 요거트를 넣어요.
3. 올리브오일을 전체적으로 뿌린 뒤 소금을 뿌리고 통후추는 갈아 올려요.
   TIP. 타임이나 로즈마리 등을 올리면 더 향긋하고 예뻐요.

Ingredient

잘 익은 바나나·계란 1개, 무가당 카카오 파우더 30g, 베이킹 파우더 1티스푼

Option 좋아하는 토핑과 시럽 적당량

Recipe

1. 바나나, 계란, 무가당 카카오 파우더, 베이킹 파우더를 믹서기에 갈아요.
   TIP. 바나나와 계란을 먼저 갈고, 가루류를 나중에 섞으면 가루가 날리는 것을 방지할 수 있어요.
2. ①을 전자레인지용 용기에 담아요.
   TIP. 2개의 용기에 나누어 담아 만들어 각각 다른 토핑을 올리면 두 가지 맛으로 즐길 수 있어요.
3. 전자레인지에 2분 정도 돌려 완성해요.
4. 원하는 토핑을 올려 먹어요. 더 달달하게 즐기고 싶다면 좋아하는 시럽을 뿌려요.

2mins Chocolate Bread
2분 초코빵

바쁜 아침 2분 만에 휘리릭 완성되는 초코빵이에요. 설탕 없이도 당 충전이 가능하게 만들었어요. 여기에 좋아하는 토핑을 올리면 식감이 더 좋아져요. 견과류나 과일, 요거트와 곁들여 기분 좋은 하루를 시작해 보세요. 밀가루를 넣지 않아 속이 더부룩해지지 않고 편안해서 아침식사로도 즐길 수 있어요.

Ingredient

통밀 토르티야(지름 약 21㎝) 1장, 사과 ¼개, 브리 치즈 30~40g, 샐러드 야채 1줌, 무가당 블루베리잼 1스푼
TIP. 산미가 적은 부드러운 잼과 잘 어울려요. 사과잼, 무화과잼, 배잼 등을 추천해요.

Recipe

1. 통밀 토르티야 가운데에 잼을 길게 발라요.
2. 잼 위에 샐러드 야채를 올려요.
3. 사과와 브리 치즈를 얇게 썰어요.
4. ②위에 ③을 올리고 브리 치즈 위에 남은 잼을 발라요.
   TIP. 단면이 더 예뻐져요.
5. 통밀 토르티야의 좌우 양쪽을 접어 재료를 감싸요.
6. 반으로 접어 통째로 먹거나 잘라서 먹어요.

Apple & Brie Wrap
애플 브리 랩

샌드위치에 브리 치즈와 사과를 넣으면 뚱뚱하게 만들어져서 한입에 먹기도 힘들고 흘리게 되어 불편함이 많았어요. 샌드위치가 무너질까 봐 아슬아슬하게 먹지 않고 깔끔하게 먹을 수 있는 방법을 알려드릴게요. 재료를 빵 사이에 넣는 대신 랩으로 감싸면 돼요. 밀프랩 도시락으로도 참 좋아요.

Banana Cereal Scoop Cake

바나나 시리얼 떠먹케

시리얼 바를 활용해 유명 카페에서 먹는 바나나 푸딩 느낌을 내보았어요. 제가 정말 잘 먹는 제품 중 하나인 위트빅스는 인증 절차가 까다로운 호주에서 만든 성분 좋기로 유명한 건강 시리얼입니다. 시리얼 바는 그냥 먹어도 맛있지만, 활용도가 무궁무진합니다. 위트빅스를 활용해 당류 걱정 없는 건강한 아침을 즐겨보세요. 포만감이 높아 아침 식단으로 정말 좋아요.

TIP. 바나나의 갈변 특성 때문에 미리 만들어두면 색이 변할 수 있어요.

Ingredient

잘 익은 바나나 1개, 위트빅스 2개, 메이플 시럽·햄프시드 1스푼

Option 견과류 적당량

Recipe

1. 바나나는 덩어리가 남을 정도로 적당히 으깨요.
   TIP. 바나나 대신 고구마로 만들어도 돼요.
2. 위트빅스는 손으로 부숴요.
3. 바나나와 위트빅스, 메이플 시럽, 햄프시드를 섞어요.
   TIP. 기호에 맞게 견과류를 토핑해 먹어요.

Ingredient

냉동 블루베리 40g, 잘 익은 바나나 1개, 오트밀 4스푼, 무가당 아몬드 우유 60㎖, 햄프시드 1티스푼
TIP. 유제품은 식물성이라면 모두 다 좋아요. 아몬드 우유 대신 무가당 두유, 오트밀 우유, 코코넛 우유 등 다양하게 활용해 보세요. 프로틴 우유를 넣으면 단백질을 보충할 수 있어요.

Topping 메이플 시럽 1스푼, 무설탕 크래커 2개

Recipe

1 냉동 블루베리, 바나나, 오트밀, 아몬드 우유, 햄프시드 등 모든 재료를 믹서기에 넣고 갈아요.
   TIP. 좋아하는 재료의 비율을 더 높여보세요.

2 요거트 볼에 ①을 담고, 메이플 시럽과 무설탕 크래커를 올려요.

Blueberry Banana Oat Shake
블루베리 바나나 오트 셰이크

상큼하고 달달한 것을 좋아하는 다이어터를 위한 초간단 든든 셰이크. 모든 재료를 한 번에 넣고 갈아주면 끝이에요. 셰이크 느낌을 좀 더 원하면 우유를 얼려서 갈아보세요. 이제 카페 스타일의 음료를 집에서도 즐길 수 있어요. 텀블러에 넣어 들고 다니면서 마셔도 좋아요.

Mugwort Injeolmi
Nuts Oat Latte

쑥인절미 견과 오트 라테

할매 입맛을 저격하는 초간단 레시피. 곡물을 좋아한다면 쑥과 인절미 또한 빠질 수 없죠? 쑥과 아직 친하지 않다면, 이번 기회에 절친이 될 수도 있어요. 미숫가루와는 또 다른 고소한 매력을 느껴보세요.

Ingredient

쑥절편 1개, 인절미 가루 1.5스푼, 무지방 플레인 요거트 5스푼, 오트밀 3스푼, 피칸 또는 호두 약간, 햄프시드 1티스푼, 해바라기씨·호박씨 1스푼

Option 메이플 시럽 1스푼
TIP. 메이플 시럽 대신 꿀도 잘 어울려요.

Recipe

1   컵에 플레인 요거트, 오트밀, 인절미 가루, 피칸 또는 호두, 햄프시드, 해바라기씨, 호박씨를 모두 넣고 섞어요.
TIP. 견과류는 취향에 맞게 선택해서 넣어요. 단맛이 필요하면 메이플 시럽을 추가해요.

2   입구를 막고 냉장고에서 반나절 이상 재워요.

3   먹기 직전에 쑥절편을 먹기 좋은 크기로 잘라 인절미 가루를 버무린 뒤 음료에 올려요.
TIP. 쑥의 맛 또는 떡의 탄수화물이 부담스러우면 넣지 않아도 좋아요.

Ingredient

단호박 100g, 롤드 오트밀 50g, 각종 씨앗&견과류(햄프시드 3스푼, 치아시드 2스푼, 호두·피칸·아몬드 약간) 적당량, 100% 땅콩버터 5스푼, 메이플 시럽 ½소주컵

TIP. 호박, 단호박, 고구마 등 단맛이 부족해 챙겨먹지 않게 되는 구황작물로 만들어 맛있게 먹어요.

Recipe

1. 단호박 20g은 아주 얇게 썰어요.
2. 남은 단호박은 쪄서 으깨요.
3. ②와 오트밀, 각종 씨앗&견과류, 땅콩버터, 메이플 시럽을 섞은 뒤 ①을 넣어요.
   TIP. 견과류를 한 번 볶은 후 넣으면 한결 더 바삭하고 고소한 그래놀라가 완성돼요.
4. 오븐팬에 ③의 반죽을 0.3~0.5㎜ 두께로 넓게 펼쳐요.
5. 160℃로 예열한 오븐에 ④를 넣어요.
6. 오븐의 온도를 150℃로 낮추어 15분 굽다가 뒤집어 10분 더 구워요.
7. ⑥을 꺼내 완전히 식힌 뒤 원하는 크기로 부수어 밀폐용기에 보관해요.

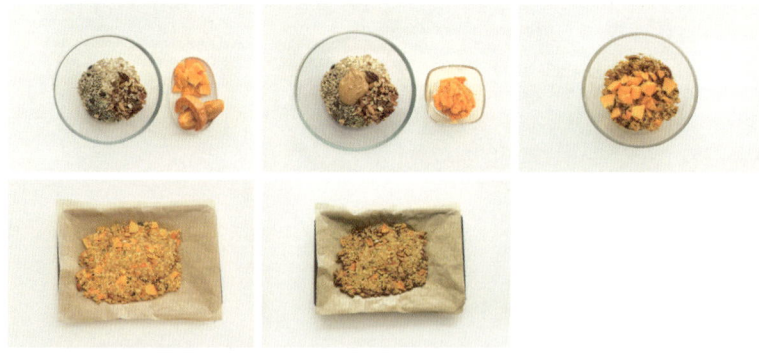

Pumpkin Granola
호박 그래놀라

그래놀라는 저의 대표적인 식단 아이템 중 하나예요. 건강한 탄수화물인 호박은 부기 제거에 큰 효과가 있는 훌륭한 식재료예요. 호박의 덩어리를 큼지막하게 활용해 청키한 식감이 매력적인 그래놀라를 만들었어요. 직접 만들어 먹으면 좋아하는 내용물을 듬뿍 넣을 수 있어서 좋아요. 고소하고 바삭한 호박 그래놀라를 만들어 과자처럼 맛있게 즐겨보세요.

Black Sesame
Overnight Oat Latte

흑임자 오나오 라테

불로장생 식품으로 알려진 건강에 좋은 흑임자를 활용해 오나오를 만들었어요. 자기 전 만들어 두었다가 아침에 일어나 마시면 점심시간까지 허기지지 않고 든든해요. 흑임자 가루도 집에서 간단하게 만들 수 있어요.

Ingredient

오트밀·그릭 요거트 4스푼, 아메리카노 300㎖, 무가당 두유 100㎖, 햄프시드·치아시드 1티스푼, 메이플 시럽 또는 꿀 1스푼, 검은깨 2스푼, 소금 1꼬집

Recipe

1. 컵에 오트밀, 아메리카노, 두유, 햄프시드, 치아시드, 메이플 시럽 또는 꿀을 섞어 냉장고에서 반나절 이상 재워요.
2. 검은깨는 마른 프라이팬에서 중약불로 저어가며 톡톡 소리가 날 때까지 볶아요.
3. ②를 소금과 함께 으깨요.
4. 그릭 요거트와 ③을 섞어요.
   TIP. 유리컵 표면에 흑임자 요거트를 바르면 겉보기에 더 예뻐요.
5. ① 위에 ④를 올려요.
   TIP. 음료를 냉장 보관할 경우 입구 쪽을 막아주세요.

✥
≈
✸